四特 教育系列丛书 SITEJIAOYUXILIECONGSHU

U0589048

学生热爱科学教育

《"四特"教育系列丛书》编委会 编著

吉林出版集团股份有限公司
全国百佳图书出版单位

图书在版编目（CIP）数据

　　学生热爱科学教育／《"四特"教育系列丛书》编委会
编著 . —长春：吉林出版集团股份有限公司，2012.4
　　（"四特"教育系列丛书／庄文中等主编 . 班主任治班
之道）
　　ISBN 978-7-5463-8774-1

　　I.①学… II.①四… III.①中小学生－五爱教育
IV.① G631

　　中国版本图书馆 CIP 数据核字（2012）第 044006 号

学生热爱科学教育
XUESHENG RE'AI KEXUE JIAOYU

出　版　人	吴　强	
责任编辑	朱子玉　杨　帆	
开　　　本	690mm×960mm　1/16	
字　　　数	250 千字	
印　　　张	13	
版　　　次	2012 年 4 月第 1 版	
印　　　次	2023 年 2 月第 3 次印刷	

出　　版	吉林出版集团股份有限公司
发　　行	吉林音像出版社有限责任公司
地　　址	长春市南关区福祉大路 5788 号
电　　话	0431-81629667
印　　刷	三河市燕春印务有限公司

ISBN 978-7-5463-8774-1　　　　　定价：39.80 元

前　言

学校教育是个人一生中所受教育最重要的组成部分,个人在学校里接受计划性的指导,系统地学习文化知识、社会规范、道德准则和价值观念。学校教育从某种意义上讲,决定着个人社会化的水平和性质,是个体社会化的重要基地。知识经济时代要求社会尊师重教,学校教育越来越受重视,在社会中起到举足轻重的作用。

"四特教育系列丛书"以"特定对象、特别对待、特殊方法、特例分析"为宗旨,立足学校教育与管理,理论结合实践,集多位教育界专家、学者以及一线校长、老师们的教育成果与经验于一体,围绕困扰学校、领导、教师、学生的教育难题,集思广益,多方借鉴,力求全面彻底解决。

本辑为"四特教育系列丛书"之《班主任治班之道》。班主任是教师队伍的重要组成部分,是班级工作的组织者、班集体建设的指导者、学生健康成长的引领者,是思想道德教育的骨干,是沟通家长和社区的桥梁,是实施素质教育的重要力量。班主任工作是学校教育中极其重要的育人工作,既是一门科学,也是一门艺术。班主任工作既包括日常的教学管理,也包括班级文化建设。

本辑共20分册,具体内容如下:

1.《管好班干部》

班干部是班集体的核心,也是班级的"火车头",这个"头"带的好不好,马力足不足,直接影响到整个班级的运转。有了优秀的班干部队伍,班级各项工作就会顺利开展,班级面貌就会生机勃勃;反之,班级就是一盘散沙,集体就会涣散无力。因此,如何培养一支素质高、能力强的班干部队伍,显得尤为重要。本书对班主任如何管理好班干部进行了系统而深入的分析和探讨,并提出了解决这一问题的新思路、可供实际操作的新方案,内容翔实,教案丰富,对中小学班主任颇有启发意义。

2.《带班的技巧》

本书讲述的常见问题与解决策略,绝大多数来自新时期一线班主任的教育实践,因此,其实用性和可操作性是不言而喻的。同时.本书又不拘泥于就"问题"论"问题",而是透过现象看本质,善于引导新班主任们看到问题背后更深层次的东西,从而看得更远、想得更深、悟得更多。

3.《全能班主任》

优秀的班主任是如何炼成的?他们的成长要经过多少道磨练?……本书对优秀班主任成长必经的多项全能进行了深刻剖析与精彩演绎。

来自一线最真实的问题,来自一线最优秀班主任的"头脑风暴",来自全国著名班主任的点拨,使得本书在浩如烟海的班主任培训用书中脱颖而出。

4.《拿什么约束班主任》

班级是学校进行教育、教学工作的基本单位。班主任是班集体的组织者、教育者和指导者,是学校领导实施教育、教学计划的直接执行者,是指导团队开展工作的重要力量,是沟通学校、家庭、社会三结合教育渠道的桥梁。为了能更好地体现新课程改革对班主任工作的要求,进一步规范班主任工作的管理,明确班主任工作职责,促进班级工作的开展,建立良好的班风、校风,班主任教师除了在工作中讲究技巧性和艺术性外,还应该有严格的工作要求与便于实践操作的基本规范。

5.《班主任的基本功》

班主任工作十分繁杂,头绪很多,要想成为一名优秀的班主任,应当从事务堆中解脱出来,始终保持清醒的头脑,以明确自己的使命。本书全方位地阐述了新时期做好班主任应具备的各方面要素;它从班主任实际工作出发,从工作中出现的问题入手,再到详细地分析问题的成因,最后提出解决问题的方法、策略或建议。本书反映了我国新时期有关班主任工作的方针、政策的新动向,反映了班主任教育理念发展的新趋势,同时也反映了班主任工作实践活动的新发展。

6.《从细节入手》

班主任是班级的组织者、协调者、领导者和教育者,他是距离学生最近、与学生接触最多、对学生影响最大的老师。他的管理、他的教育影响的发挥在很大程度上取决于对教育细节的把握。细节虽小,却能透射出教育的大理念、大智慧。一个成功的班主任,一定是一个关注细节、善于利用细节去感染、教育和管理学生的人。

7.《班主任谈心术》

当前,青少年心理健康问题已成为全社会越来越关注的焦点。因青少年心理问题引发的违法犯罪等社会问题,也呈日趋上升的态势。现代教育的发展要求教师"不仅仅是人类文化的传递者,也应当是学生心灵的塑造者,是学生心理健康的维护者"。作为一班之"主"的班主任,能否以科学而有效的方法把握学生的心理,因势利导地促进各种类型学生的健康成长,将对教育工作的成败有决定性的作用。但是,面对性格迥异,出身、家庭等各有不同的学生,如何走进他们的心灵、倾听他们的心声、解决他们的思想问题?本书将一一为您解答。

8.《班主任治班之道》

班级是学校的基础"细胞"。班级管理搞好了,学校的教育、教学工作才会得以顺利。正如赫尔巴特所说:"如果不坚强而温和地抓住管理的缰绳,任何功课的教育都是不可能的。"可见班级管理工作是多么的重要。而班主任作为班级的组织者、管理者,做好班级的管理就成为班主任工作的重中之重。

9.《怎样开好班会》

主题班会可以锻炼学生的活动能力,开拓他们的眼界。如何设计好一场别开生面的主题班会,寓教于乐,从思想上和情感上润物无声,对学生起到特殊的教育作用,这本手册是您的最好选择。分类细,立意精,内容新,一册在手,开班会不愁!

10.《突发事件应对》

书中列举的大量真实生动的案例,无不充满智慧,充满心与心的交流。书中的一幕幕校园闹剧,让人有种似曾相识的感觉;书中老师的"斗智斗勇",让人感到耳目一新,由衷叹服,不禁感慨教育真是一门充满智慧的学问!

11.《学生人格教育》

本书从人格类型入手,对教师和学生的人格类型进行了划分;再结合大量实证研究和教学实践个案,提出了教师应如何巧妙地根据学生的心理类型,在全班教学的同时又针对类型差异,进行适应个别差异的教学和管理,以满足学生的需要来激发学生的学习兴趣,进而提高教学效率,使每个学生得到适合自己的发展。阅读本书,教师不仅能够掌握更有效的教学方式、让学生喜欢上学习、提高教学质量,而且能够对自己有更进一步的了解,有利于教师的自我成长。

12.《学生心理教育》

当前我国教育改革和发展面临的重大任务和时代主旋律,是全面实施和推进素质教育。素质教育的重要内容和目标之一,就是培养学生良好的心理素质,提高学生的心理健康水平。而要想培养和发展学生的心理素质,最重要的方法就是面对全体学生系统地开展心理健康教育。本书就是一本供中小学生心理健康教育用的书,有助于引导中小学生领悟到相关的理念、知识和方法。

13.《学生遵纪守法教育》

对广大青少年的遵纪守法教育应根据其认识水平,从纪律教育入手,让他们从小建立起规则意识。而且要明确所在学校的校规,所在班级的班规;要了解学校的各种制度。由学校的一些纪律制度,推而广之,让青少年对必要的社会公共秩序的规定也要有所了解。同时,要青少年明白人小也要守法。本书以青少年为主要读者对象,目的是让青少年读者感受到遵纪守法的必要性。

14.《学生热爱学习教育》

本书通过大量实例,深入浅出地剖析了动机的重要性和来源,教您如何激发学生投入学习的动机,怎样鼓励学生完成学习任务,还告诉您怎样及时遏制学生在课堂上的不当动机。掌握了激发学生学习动机的策略之后,您会发现,让学生都爱学习,已不再只是梦想,它正在慢慢变为现实。

15.《学生热爱劳动教育》

教育与生产劳动相结合是我党教育方针的重要组成部分,是我们坚持社会主义教育方向的一项基本措施。要搞好教育与生产劳动的有机结合,必须首先教育学生热爱劳动,使每个学生对劳动产生渴望,感到劳动是一种欢乐,是一种享受。当学生能从劳动中取得乐趣时，劳动教育才算获得成功。

16.《学生热爱祖国教育》

热爱祖国是中华民族的传统美德，是每个公民的神圣义务。"以热爱祖国为荣，以危害祖国为耻"不仅是一个普通的道德准则，也是公民的生活规范。爱国主义是维护中华民族大团结，促进社会大发展的主要精神动力，是中华民族最基本、最重要的传统美德。爱国主义，也是对自己祖国和人民的深厚感情。

17.《学生热爱社会教育》

构建社会主义和谐社会，必将为青少年健康成长创造一个优良的社会环境。同时，加强青少年社会教育，促进青少年健康成长，对于促进社会主义和谐社会建设，也具有十分重要的意义。社会的持续发展，持续和谐，在很大程度上取决于今天的青少年能否成为未来社会的合格成员，而培养合格的社会成员，仅靠学校教育、家庭教育是不够的，必须坚持学校教育、家庭教育和社会教育相结合。

18.《学生热爱科学教育》

当你们看着可爱的动画片，玩着迷人的电脑游戏，坐上快速的列车，接听着越洋电话的时候，……你可曾意识到科学的力量，科学不仅改变了这个世界，也改变了我们的生活，科学就在我们身边。科学技术的日新月异，使得科学不只为尖端技术服务，也越来越多地渗透到我们的日常生活之中，这就需要正处于青少年时代的我们热爱科学，学习科学。

19.《学生热爱环境教育》

我们不是从祖先那里继承了地球，而是从子孙那里借用了地球。宇宙无垠，地球是一叶扁舟，人类应该同舟共济。地球能满足人类的需要，但满足不了人类的贪婪。森林是地球的肺，我们要保护森林。水是生命的源泉，珍惜水源也就是珍惜人类的未来。拯救地球，从生活中的细节做起。对待环境的态度，表现着一个人的素质和教养。人类若不能与其它物种共存，便不能与这个星球共存。幸福生活不只在于衣食享乐，也在于碧水蓝天。

20.《学生热爱父母教育》

专家认为教育首先是让孩子"成人"，然后再是"成才"。要弄清成绩、成人与成才三者的关系，谨防"热爱教育"缺失造成的心灵成长"缺钙"现象。对一个孩子健全人格的培养，最关键的要让他做到几点：热爱父母，能承受挫折、吃得起苦，有劳动的观念。热爱父母，才能延及热爱社会、热爱人生。

由于时间、经验的关系，本书在编写等方面，必定存在不足和错误之处，衷心希望各界读者、一线教师及教育界人士批评指正。

编者

目　录

1

第一章

学生热爱科学教育的理论指导

1. 培养学生科学意识的教育指导

　　《语文课程标准》明确指出，现代社会要求公民具备良好的人文素养和科学素养。又提到改革后的九年义务教育中，语文课程在培养学生科学文化素质方面要发挥应有的作用。小学语文课应注重对学生科学意识的培养，这是时代发展的需要，是社会进步的需要。下面谈几点看法。

　　为小学生科学意识的培养提供了条件

　　新教材既有丰富的思想教育内容、扎实的语文训练内容，又含有大量的科普知识。

　　例如，小学第一册的《理想》就向刚进学校的娃娃介绍了一些高新科技知识：天上的航天飞机、卫星；地上的悬浮式列车、太阳能汽车；水中的大轮船、气垫船等。第二册到第四册的课文则出现了《燕子飞回来了》、《动物过冬》、《数星星的孩子》等许多课文，向孩子介绍了大量的自然科学知识，开阔了孩子们的视野。到第五六册，类似《看月食》的一系列课文介绍了像哥白尼一样的科学家，对学生进行了科学史、科学世界观的启蒙教育。

　　教材注意到了对学生实施科学意识启蒙教育的问题，这些内容成为语文学科进行现代科技教育的载体。

　　有机地渗透科学意识的教学目标

　　小学语文教学目的的要求中，多次提到要进行热爱科学的教育。如人教版第一册教学用书在"说明"中就有两处强调了这一问题。第一处是在"指导思想"中写道："这册教材在安排语文基本训练的同时，通过生动形象的图画和文字，对学生进行爱祖国、爱人民、爱劳动、爱科学、爱社会主义的教育"。第二处是在"教学内容和教学提示"中指导怎样处理入学教育的第四课课文——《理想》："教学时，先指导学生看懂图意，知道图上画了什么，认识一些事物，然后联系实际，粗浅谈谈他们长大了干什么，现在应该怎样做。"显然，这表明语文教学的任务已不再只是对学生进行品格教育或正确理解、运用祖国语言文字能力的训练，把培养学生的科技兴趣、理想的问题摆到了明显的位置上，而且更加具体化了。

"利用教材中的科普知识培养小学生的现代科学意识"的教学要求同样也写进了课文的"导读"中，使执教者在落实的过程中具有了可操作性。仅举两例为证：第七册第五组"导读"中有这么一句话："同时受到爱科学、学科学、立志为祖国现代化作贡献的教育"；第八册第三组"导读"中写道："要让学生在学习过程中感受大自然的美好，增加科学知识，受到爱科学、学科学和热爱大自然的教育"。

正确处理二者的关系

科学意识培养与语文基础知识训练的关系，"载道"、"工具"、"科学意识"是三位一体的相容关系。三者之间应该而且可以做到有机的结合。

现以《观潮》为例来说明这个问题。这类文章看似无法培养学生的科学兴趣，其实不然，只要我们有了以培养学生的科学意识为己任的历史责任感，只要文章本身具有潜在的科技因素，仍然可以找到激发学生产生科学兴趣的切入点。钱塘江大潮为什么会成为天下奇观？原来与地形有关。江口呈喇叭形，外宽内窄，外深内浅，江潮流散受阻，潮浪推涌时，潮头壁立，潮差可达 $8\sim9$ 米，天下少有，故成奇观。把这些知识讲给学生听，既可提高学生的阅读兴趣，又传授了科普知识，两者的结合并不显得牵强。舍此，就失去了一次为学生注入科学兴趣燃料的机会。

（1）潜移默化地进行科学兴趣的培养

　　强调利用语文课中的科学知识培养小学生的科学意识和科学精神，但不能把语文课上成科学课，依然要上出语文课的个性来。例如《植物妈妈有办法》是一首儿童诗，以形象的比喻和拟人的手法介绍了植物传播种子的方法。识字和理解比喻句的含义是主要的教学任务，植物种子的传播方式则不必单独提出来细讲。

　　（2）恰当地把握住分寸

　　利用科学知识培养学生的科学意识和探究精神，要会"利用"文章。教师巧作点拨，激起学生的兴趣之后要适可而止，不可大讲其中的科技原理。如第三册的归类识字，介绍了播种机、插秧机、抽水机、联合收割机、脱粒机、扬场机等农业机械，教师只需在对比中引导学生知道机器收种要比人力快得多，让学生产生"科学技术是第一生产力"的朦胧意识即可。

　　（3）要善于设疑并恰当地存疑

　　如教学《动物过冬》这一课时，可设疑：课文里的小动物是怎样过冬的呢？让学生带着问题来学习全文，在语言训练的同时获取有关动物过冬的科学知识。学了全文后，可适当存疑：你们还知道哪些动物是怎样过冬的呢？让学生带着疑问去阅读有关的课外读物，这样既拓展了他们的阅读量，又丰富了其科学知识。

　　又如《鸟的天堂》教育学生要保护益鸟，教师就可存疑：那么，害鸟或害兽是否就可以任意捕杀呢？学生通过课外大量地搜集有关资料后，可进行一次讨论，让他们明白"地球上的一切生物，我们都有理由保护起来，因为这样才可保持生态的平衡"这一道理。

　　在培养学生科学意识的教学过程中，也有不容乐观的问题存在。这就是一些教师以传统的观念为指导，重视语言文字基本功的训练，轻视科学意识的培养。即使为完成教材规定的教学任务，作些科普知识的介绍，也并没有自觉的行为意识。另一方面，也有一些教师意识到了培养学生的现代科学意识是具有战略意义的大事，但由于知识老化，在高新科技方面仍是"科盲"，做起来力不从心，也只好搪塞过去。两者都是令人遗憾的。因而，语文教学又向教师提出了新的要求即接受高新科技知识的继续教育，承担起利用语文培养学生科学意识的历史责任。

2. 培养学生科学精神的教育指导

科学精神主要是指科学主体在长期的科学活动中所陶冶和积淀的价值观念、思维方式和行为准则等的总和。《科学课程标准》指出："保持与发展想要了解世界、喜欢尝试新的经验、乐于探究与发现周围事物奥秘的欲望。在科学学习中能注重事实，尊重他人意见，敢于提出不同见解，乐于合作与交流。"《科学课程标准》中所提出的情感、态度、价值观其实就是罗长青所说的"科学精神"的体现，"保持与发展想要了解世界、喜欢尝试新的经验、乐于探究与发现周围事物奥秘的欲望"就是指学生的创新意识；"能注重事实"就是指应具有实事求是的精神，"克服困难，善始善终"包括谦虚谨慎、不断进取的求知精神、孜孜不倦的探索精神，以及顽强执著的奋斗精神；"敢于提出不同见解，乐于合作与交流"即要求学生具有怀疑和批判的勇气以及协作精神。

科学创新，作为科学精神的核心内容被上升至如此高度，作为小学科学教育的主阵地，科学课更应该将科学精神的培养作为一件大事放在首位。

培养学生的科学精神是课程改革对科学学科提出的要求。我国的科学（自然）教学一向有重知识传授、轻实验探究的传统，这就使得受教育者无法亲身经历科学探究的过程，对科学探究过程中必

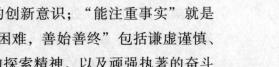

须具备的科学精神更是无以培养。新一轮课程改革清醒地意识到了这一点，因此新的科学课程标准就"情感、态度与价值观"明确提出了小学生在科学学习中要形成的科学精神，包括注重事实，克服困难，善始善终，尊重他人意见，敢于提出不同见解，乐于合作与交流。这些精神与一般的科学精神相比，在内容方面应该是一致的，只不过作为对小学生的要求，在程度方面要比一般的要求低一些，以符合小学生的年龄特点。

在科学阅读中接受科学精神的熏陶

科学教育离不开科学阅读。在阅读中，学生可以阅读到科学家的成长故事、科学研究的过程以及为之付出的努力。如居里夫人的小女儿艾芙·居里，在母亲去世3年后写成《居里夫人传》，该传记详细叙述了居里夫人的一生，也介绍了其丈夫皮埃尔·居里的事迹，并着重描写了居里夫妇的工作精神和处事态度。

在了解了居里夫人的光辉一生以后，我们从中得到的教益和启迪是深刻而广泛的。

第一，受压迫、处于困境的人们，只要意志坚强、不畏艰难、勤奋学习、勇于攀登，胜利与成功之路是可以走通的。

第二，要接受和支持新生事物，要用创新精神去从事科学研究和其他一切工作，并且要有百折不挠的毅力和勇气去完成它。

第三，在科学的道路上，有时可能会遇到不应有的压抑和歧视，但只要有信心，有脚踏实地的忘我工作精神，保守的枷锁和禁锢是可以打破的。

第四，在科学研究和其他工作中，一定的物质条件是必要的，但是更重要的是自己动手，自力更生地去创造条件，永远保持艰苦奋斗的精神。

这些对孩子们的影响将是终身的。1986年诺贝尔化学奖授给了美国伯克利加州大学的李远哲教授等 3 人。李远哲在初一时就吐露了想做个伟大科学家的理想，促使他形成献身于科学的思想正是《居里夫人传》。伟大科学家的勤劳不懈、热爱生命的高贵情操和理想，为李远哲的生命旅程照亮了一条光明大道，使他确立了一生追求的目标。由此可见，科学阅读在培养科学精神方面所起到的独特作用。

在科学探究的实践中形成科学素养

科学教育离不开科学探究的实践活动，如实验操作，数据的收集、整理与分析，以及形成结论时的逻辑推理等。在开展此类活动时，学生就在逐步地形成相关的科学素养。实验操作必然要求学生做到尊重事实，数据的整理与分析必然会在尊重事实的基础上提出自己新的见解，并在形成结论时听取他人的意见，形成自己独具创新意识的结论。在这个活动的过程中自然不可能一帆风顺，总会遇到一些困难，在克服困难的过程中，又是意志与品质的考验。

科学精神的培养在活动的过程中贯穿始终，虽然并没有刻意将科学精神的内容具体化呈现给学生，但却比任何形式的呈现更能感染学生。

3. 培养学生科学素养的教育指导

现代的社会是一个科学技术高速发展的社会，而科学技术的发展，需要大批的科技人才，而作为培养和输送人才的基地，将成为社会发展进步快慢的决定因素。因此，在教育过程中，必须通过科学教育，使学生逐步领会科学的本质，乐于探索，热爱科学，并树立社会责任感，学会用科学的思维方式解决自身的学习、日常生活中遇到的问题。那么，在科学教学中，如何"培养学生的科学素养"呢？

激发兴趣，调动学生探究的积极性

古人云："知之者不如好之者，好之者不如乐之者。"小学生的"好奇心"较重，但这种"好奇心"有时只停留在"好玩"、"新奇"、"刺激"的水平上，停留在希望老师给予解释的水平上。教师的任务就是要促使学生把"好奇心"发展为"科学的好奇心"，扩大学生的兴趣范围，引导学生发现平时不注意的现象，从而产生探究的期望和兴趣。激发学生的兴趣可从许多方面入手：如创设情景、激发学生探究兴趣。

在教学《浮与沉》时，教师出示两只大小形状一样重量不同的小船，让学生猜一猜：如果把这两只小船同时放进水里会出现什么现象？大部分的学生都认为小船会浮到水面上，小部分学生认为船会沉到水底。同学们都迫切想知道结果，要求我马上试一试。于是，教师把这两只小船轻轻地放到水里，结果出现了一只浮到水面上，一只沉到水底的现象。学生见后，先是感到惊奇，之后纷纷举手发表各自的看法，参与学习的意识极为强烈。利用游戏，同样也可以使学生产生兴趣。

如教学《镜子》时，教师让一个学生走到教坛上蹲下，让讲台挡住全身，让其他同学看不见他。然后，教师让部分学生到教室后面的黑板写字，让在教坛上蹲下的这个同学"猜"。结果，不论这些同学在黑板上写什么字，都总能被教坛上蹲下的这个同学"猜"对。同学们对此百思不得其解，要求老师作解释。于是，教师先让教坛上蹲下的这个同学说说是怎样"猜中"的，接着教师再出示"潜望镜"让学生观看，学生对"潜望镜"都产生了浓厚的兴趣，他们都很想了解"潜望镜"的构造和工作原理，积极主动地参与接下来的教学活动。

巧设疑难，引导学生自己提出探究的问题

教育家朱熹说："读书无疑者，须教育有疑，有疑者须无疑，到这里方是长进。"思维总是从疑问开始，一个成功的教学过程，教师总要有目的、有计划、有层次的步步激疑、导疑、释疑。正像一篇优秀的文艺作品，往往一开始就把尖锐的矛盾冲突呈现在读者面前，扣人心弦，使人欲罢不能。教学亦是如此，才能使学生产生强烈的求知欲。

如在教学《水与生命》时，学生普遍认为水是白色的。有小部分学生认为水是蓝色的，问其原因，他们都说：大海都是蓝色的，所以水都应该是蓝色的。于是，教师拿出一杯豆浆、一杯硫酸铜溶液、一杯清水让学生进行比较，学生马上发现了自己认识上的不足，提出了"水是什么颜色的"的探究问题。由于问题是学生自己发现的，他们都自觉地、主动地寻找办法解决它。如果让学生围绕教师提供的问题展开探究，他们的内心往往缺乏那种迫切需要解决问题的愿望。这样，学习就会变得比较被动。

要善于引导学生进行讨论、辩论

讨论和辩论是学生日常学习活动中常见的方式。讨论，就是把那些有概念联系的客观事物呈现在学生的面前，让他们用自己的语言一起去发现和研究他们观察到的现象、结果，让学生在小组里一块儿思考、相互交流各自在"探究"中所获得的表象，从而形成感性认识和理性认识，加快加深学生对某些问题的认识。因此，在科学教学中，教师必须善于给学生创造机会进行正常讨论和辩论，营造平等和谐、互相尊重的氛围，使学生敢于发表自己的看法又善于倾听别人的意见。

例如，在教学《雨的形成》这课时，教师出示了一瓶刚从冰箱取出来的汽水，然后让学生进行讨论："瓶外的这些水珠是从哪里来的？为什么会出现这些水珠?"。学生根据大量事实进行了充分的讨论，确信小水珠是水蒸气受冷后形成的。当学生持有不同观点而引发辩论时，教师也不要做裁判，要因势利导、鼓励学生积极参与，帮助和训练学生学会提问，学会参与讨论。

例如，在教学《燃烧的秘密》这课时，教师让学生猜想：蜡烛燃烧后会生成什么？有许多学生认为蜡烛燃烧后会变成蜡，但也有不少学生持反对的意见。教师没有给他们作任何判决，而是鼓励他们各人根据自己的观点展开辩论。认为蜡烛燃烧后会变成蜡的这一方的同学的观点是：蜡烛在燃烧过程中会有很多烛泪流下来，到最后蜡烛燃烧完后就剩下这些流下来的蜡。持反对意见的同学则认为如果蜡烛燃烧后会变成蜡，那么，蜡烛就永远也不会烧完。经过一番唇枪舌剑后终于得到了共识：蜡烛燃烧后不会变成蜡。通过引导学生进行讨论、辩论，使学生的思维能力得到充分的锻炼，激发学生学习的积极性，活跃课堂教学气氛。学生通过动手操作，发现了问题或探究出解决办法时，教师适时组织学生进行讨论，一方面可以综合集体智慧取长补短，寻找解决问题的多条途径或最佳途径，另一方面通过讨论加深学生对同一现象或同一方法的理解。

充分、灵活利用科学探究

科学探究既是科学学习的目标，又是科学学习的一个最基本的也是最重要的学习方式。让学生亲身经历以探究为主的学习活动在教学中应该经常用到的。科学课的教学总目标是培养学生的科学素养，而科学探究是最能体现培养目标的一种方式。因此，科学教学要把以"教学"为中心的课堂活动转变为以"探究"为轴心的科学活动。

在平时的教学活动中，时时都要考虑能否用科学探究的方式，尽可能充分培养学生的科学素养。这些内容看起来是不属于探究活动的，但是只要我们教师肯动脑筋，也可以把它变成学生很好的探究活动。例如，在指导学生种植芋头时，教师让学生分别把芋苗平放、正放、斜放和倒放等多种形式进行种植，之后让学生探究哪种种植方法产量高。在饲养小动物方面，我给了一个"淡水鱼可以在盐水里生长吗？"的题目让学生进行探究。经过一个多月的探究活动，部分学生写出了质量很高的小论文，获得市的奖励。

利用多种教学资源，进行开放式教学

科学课是一门综合课程，它包括的内容也很广，有天文的、地理的、生物的等等，它强调学生的已有经验和生活经历，积极提倡让学生亲身经历以科学探究为主的学习活动，引领学生在对周围世界等方面进行积极探索的过程中，培养学生的科学素养。这就说明科学课的教学内容就不是教科书，而是学生生活周围广阔的自然环境。

因此，科学课的教学也不应只局限于课堂教学，要充分利用广泛存在于学校、社会、家庭、网络、课外读物等多种教学资源，将学生的学习置于广阔的背景之中，帮助学生不断扩展对周围世界的科学现象的体现。例如，在教学《未来农业》这一课时，教师利用许多学生家庭都有一个后院种植农作物的特点，让学生回去进行嫁接活动和改良试验。

在教学《节约用水》这一课时，教师组织学生对河涌周围的环境进行调查，分析河水受污染的情况等。这对培养学生的科学素养起到很大的作用。在科学教学中，我们应该向学生提供充分的科学探究的机会，使他们在像科学家那样进行科学探究的过程中，体验学习科学的乐趣，增长科学探究的能力，获取科学知识。只有这样，才能为他们终生学习和今后的发展打下坚实的基础，更好地提高学生的科学素养。

4. 培养学生科学探究精神的教育指导

小学科学教材强调实践和实验能力的培养，学生要从科学的学习中获得对科学发展史和科学探究的更多理解。本人在多年教学中能明显地感受到这一教学观念在逐渐更新，角色在悄悄变化，学生的主体地位在慢慢地凸现，"生活化、活动化、自主化、情感化"正在成为科学教学的一个基本方法。教学必须真正贴近自然、贴近经验、贴近生活、充满生命的活力。很多新的理念正向我们旧有的传统发出挑战，如果我们对现在的科学课教学现状进行仔细观察和冷静地分析后会发现，在小学科学教学中仍存在着一些不容忽视的问题，因此，培养学生的科学探究精神十分重要。

科学课教学要以探究为核心

科学是一门生机勃勃的学问，科学课的内容涉及面广，包罗万有，海特曼称它为一种"充满乐趣的无边界探险历程"。探究既是科学课学习的目标，又是科学课学习的方式，让学生亲身经历以探究为主的学习活动是学生学习科学的最好途径。

（1）培养学生科学探究的意识

发现和提出问题是进行探究的前提，学生如果不能提出有价值的问题，就不能进入探究活动。

教师在科学课的教学中，要特别注重培养学生的问题意识，在探究起始阶段，从以下两个方面下工夫：

一是鼓励学生积极思考，引导学生自主、大胆地提出自己的问题，如"对于这个现象，你都有什么问题"、"针对这个现象，你还有什么问题"等等。

二是在科学教学过程中创设一定情景，开展多样的实践活动，给学生提供一个良好的问题环境，让学生乐于研究，提出问题。对他们所提的问题，本着保护学生的求知欲望出发，容许出错，不可以让其他学生加以嘲笑、挖苦、讽刺，让敢于提问题的学生保持一种求知欲望和得到老师的鼓励、肯定。经过一段时间的培养现在六年级的部分学生都能根据某一自然现象或自然物提出相应的较恰当的问题，并对问题的结论进行大胆的猜想。

例如五年级下册《观察生态瓶》这节课，教师在教学中出示了一个自制的生态瓶，让学生观察瓶中小鱼在水中时沉时浮的现象，然后对学生说："对于瓶中游动的小鱼，你都有什么问题?"话音刚落，学生们纷纷举手要求发言。

生："为什么小鱼在水中可以长时间沉在瓶底?"、"为什么小鱼有时要在水面上游动?"、"为什么小鱼在瓶中能浮起来，也能沉下去?"。

师：这节课我们就来研究这些问题。

从上面这个例子可以看出，学生提出的这几个问题都属于同一类，如果教师对学生提出的问题不置可否，不注意引导学生加以分析研究，组织开展探究活动的话，那么学生就会失去提问探索的兴趣了。由于能及时组织学生对问题进行分析探究，不仅有利于让学生提出更多有价值的问题，同时也是对学生乐于提问这一行为的肯定和鼓励，从而也能进一步激发学生提问题的积极性，教师何乐而不为。

（2）结合学生的现实生活，使学生乐于探究

科学课的学习内容不仅仅是教科书而是学生周围广阔的自然环境和人文环境，因此，教师应有这个认识，要充分利用广泛存在于学校、家庭、社会、大自然、网络和各种媒体中的教学资源，将学生的探究活动置于广阔的背景之中，帮助他们不断扩展对周围世界科学现象的体验。

（3）正确引导，使学生善于探究

对于学生来说，探究的方法是很重要的，教师在教学中注意结合教学的内容，引导学生学会各种不同的探究方法。比如：在观察中探究、在实验中探究、在思考归纳中探究、在合作研究中探究等等。此外，探究也是学生的一种学习行为，要教育学生持之以行，养成习惯，当学生在探究学习中遇到问题和困难时，及时进行适当的引导、帮助，主动听取学生的意见，鼓励学生寻找解决问题的方法，避免学生遇难而退。

实验教学是最有效的途径

（1）实验激发学生的学习兴趣

科学课必须给学生提供充分的科学探究机会，而实验教学是科学探究有效方法。小学生对实验最感兴趣，往往成为他们学习科学知识的直接动力，成为爱好和兴趣，以致可能发展为惊人的勤奋和百折不挠的毅力。兴趣爱好和求知欲是学生获得知识、技能和发展能力的前提，也是获得知识、技能和发展能力的结果。

在观察与实验中，学生可以充分发挥视觉、听觉、触觉、嗅觉和味觉的作用，并用眼睛看物体的形状、颜色、大小、远近；用耳朵听物体发出的声音的高低、强弱、音色；用手可以触摸物体的软硬、光滑、温度；用鼻子可以闻物体的香臭、气味等。让学生亲自去探究其中的奥秘，感知其中的神奇，满足他们学习的兴趣，实验对学生具有吸引力和凝聚力，所以实验是激发学生学习兴趣，调动学习的积极性、主动性、培养创造性以及科学探究精神的重要方法和有效途径

（2）实验促进学生学习能力的提高

学习科学，必须有一定的实验能力，包括实验设计、实验操作、实验记录、整理记录资料等方面的能力。这些能力不可能靠老师的

讲解来获得，而必须在相应的实践活动中，才能得到发展，只有通过实验才能培养学生的实验能力。但对于中低年级的学生来说，由于他们自主探究的能力相对来说较差，教师指导的作用应该多一些，对一些基本的实验操作技能，教师有必要给予指导，当在学生提出猜测、分析实验现象以及得出结论的时候，教师的指导应该少一些，学生能说的尽量让学生去说，学生能做的尽量让学生去做，教师绝不能越俎代庖，包办代替。

通过设计实验、分析结果培养想象力和分析能力，在研究原因、结果，形成概念的过程中，要进行概括抽象的思维能力、归纳能力、分析能力的培养，在实际的操作中，还要培养组织能力、实践操作能力、解决问题的能力等。因此，只有通过实验，才能更好地培养和发展学生学科学、用科学的能力。

（3）实验使学生有效地掌握知识

在实验探究活动中，不能只过分强调让学生动手，而忽略了让学生在动手的同时还要动脑。在探究学习过程中，动脑和动手都是非常重要的，不能厚此薄彼，如在准备材料和具体的实验操作中，需要学生动手，而在让学生提出问题、进行猜想、设计实验方案、分析实验现象、得出科学结论以及进行反思时都要让学生动脑。在该动脑的时候一定要启发学生的思维，开动他们的脑筋，不能让动手占据动脑的时间。

所以在让学生利用有结构的材料进行探究的过程中，不仅要让他们动手操作，更要组织学生在动手操作前先动脑进行猜想、预测，在实验后进行研讨解释，这样才能体现出探究的本质，才能更加有效地培养学生的科学素养。实验具有重复性，它能在相同的条件下进行多次反复，供学生反复观察，能使学生迅速掌握前人已认识的真理，以最有效的方式去掌握自然基础知识。

因此，在教师的引导下，让学生进入实验环境，通过实验，主动去探究新知识，获取新知识，无疑是使学生牢固掌握知识的有效途径。

在小学科学教学过程中，作为科学教师只有更新教学观念，转变传统教学方式，才能把新的教学理念融入到科学课程的改革实践中，使小学科学教学向着更有益于培养学生科学素养、科学探究精神的方向健康发展。

5. 提升学生科学素养的教育指导

科学精神是指科学本身所要求的各种价值观念、思想观点、行为准则、道德和意志品质，蔡德诚先生把它概括为：客观的依据，理性的怀疑，多元的思考，平权的争论，实践的检验以及宽容的激励等六方面。科学精神对学生学习能力的培养乃至学生人格的塑造等都起着巨大的作用，是全面提升学生科学素养的原动力和精神基础，是科学教学的灵魂。怎样在教学中挖掘教材中崇尚科学、弘扬科学精神的文化内涵，让学生感悟科学的文化内涵，引领他们进入科学殿堂和激励他们攀登科学高峰？

培养学生严谨细致的科学态度

凡是科学的东西一般都有准确性、精确性、严密性的特征。在科学教学中，就要培养孩子们这种严谨、细致、精益求精的科学态度。决不能搞"差不多"，"大概"，更不能"粗枝大叶"，马马虎虎。

在《声音的传播》一课中，学生用实验证明声音能在固体、液体中传播。学生在实验中吵吵闹闹，教室里显得很嘈杂。实验结束后学生在汇报结果并解释现象时，学生都说耳朵贴在桌子上听到了敲桌子的声音，老师说："刚才我也听到了你们敲桌子的声音，这声音是怎样传到我的耳朵的？"这激发了学生进一步思考、讨论，改变了原来的实验方法，使实验更加科学、严谨。他们轻轻地用手划桌子，并使自己在空气中听不到这种声音，再把耳朵贴在桌上听，结果同样听到了划桌子的声音，这样学生用充足的理由证明了声音能在固体中传播。再让学生谈两次实验的收获，在教师的引导下，学生明白了科学研究要有周密的计划、细致的观察和一丝不苟、严谨的科学态度。

培养学生持之以恒的坚强意志品质

科学研究常常要经历一段漫长的艰苦历程，在这个过程中，常常会出现转折和失败，要取得研究的成功，必须要有战胜挫折与失败的勇气，要有持之以恒的坚强意志品质。如《观察月相》、养蚕和种植植物，老师会提前和家长取得联系，每节课还用一点时间让学生展示自己的成果，交流昨天的发现，对认真观察的学生和记录得仔细的同学给予表扬，不断激发学生观察的兴趣，这样这些被动的观察、研究成了学生的一种自我需求，这些长期的探究和观察活动得以有效落实，能够从而培养了学生持之以恒、坚持不懈的意志品质。

培养学生尊重事实，不畏权威的科学批判精神

丁邦平教授在《反思科学教育》一文中提出：唯科学主义的科学文化观是 20 世纪我国科学教育存的在三大问题之一，对科学的过分推崇导致把一切真理都冠以"科学"之名，这种唯科学主义的文化观渗透到科学教育中，导致人们片面地认为科学即真理，是不可错的，有着至高无上的权威。其直接结果在科学教育上便是学生的怀疑精神、批判精神和创新精神的缺失，直接导致说我国中小学乃至大学的科学教育培养出的学生比较缺乏创造能力。

教师以伽利略的两个铁球同时着地的事例，还以著名的科学家

丁肇中先生的在回答学生提问时的"不知道"和篡改实验数据的留学生的故事,引导学生认真思考这些事例给我们的启示:这种"不唯上,不唯书,只唯实"的求真求实精神是科学精神的核心,也是作为一个人的基本道德水准,具体体现在科学研究中就是要尊重科学证据,作实事求是的报告;不盲从权威,能批判地思考问题,要敢于怀疑,敢于批判;在探究真理时要不屈不挠,以实践作为检验真理的唯一标准等。

科学是建立在直觉和假设之上的推理,经过设计实验,搜集证据,分析证据,得出结论,这是一个以事实为依据的分析推理过程。但是在实验过程中,常有学生看到自己小组的实验结果和其他小组不同时,或随意更改自己的实验数据,或简单地附和,在解答问题时也会出现这样的情况,如:"答案也许是这个吧!"的主观臆断或"大家都那么说那就应该是吧。"这样的从众心态等。学生没有经过亲自证实就轻易地进行判断,这对学生的成长有非常不好的影响,使学生不善思考,没有主见,依赖性强,习惯虚假从众,对将来在工作中没有好的工作作风,甚至对社会的发展造成不好影响等。

在探究过程中进行的实验或观察没有得到预期的结果,或者是结论于原来的预测不同时,教师一定要坚持实事求是的原则,要告诉学生在科学探究中发生意想不到的情况时经常发生的事,有时我们从失败中会学到比成功更可贵的东西。

当今的学生,生活在现实主义和功利主义的大环境下,作为一名科学教师,有责任对学生在进行科学教育的同时,还要渗透只问是非,不计利害,追求真理的献身精神,要让学生知道,科学家是最推崇客观真理的人。尽管科学家的工作成果远不是绝对真理,但科学家是最执著地追求客观真理的人群。与社会中其他人群相比,科学家是最不怕别人的批评的人,是最乐于接受别人意见的人,因为他们把别人的批评看成是帮助自己早日探求到那个真理的行为。同时科学家也是最认真、直率、对事不对人的批评者。

教师让学生交流一些科学家的故事，让学生走进科学家，用科学家的人格来教育学生，如《哥白尼的故事》讲述了哥白尼对"日心说"的坚定信念，及为维护这一真理而献身的动人事迹，而布鲁诺为传播这一天文学说，它被教会推到审判异端的宗教法庭，监禁7年后被活活烧死，监禁前，他高呼："火，不能征服我，未来的世界会了解我，会了解我的价值。"布鲁诺的事迹，让学生从科学家对科学的追求中懂得，学习科学就是追求真理，坚持真理，为真理可以牺牲自己的精神就是可贵的科学献身精神，树立正确的科学价值观，建立科学必胜的信念，让孩子们从小不计名利，呵护科学真理。

青少年是国家的未来和民族的希望，小学时期是一个人世界观、人生观、价值观形成的关键时期。在我们的科学教学中加强科学精神教育，有助于学生树立起对待自然、社会与人生的科学态度，有助于人们自觉接受正确的世界观、价值观和人生观，有助于形成创造性的思维和能力，有助于培养勇于开拓进取的精神，促进学生的科学素养的全面提升。

6. 激发学生科学兴趣的教育指导

教育的发展离不开创新教育。在全面推行素质教育的 21 世纪，培养学生的科学素养更是不可忽视。作为一名小学科学教师，从事教育事业多年，在新形势下，如何引领学生走进科学创新之门呢?

从科学小故事入手，激趣引路

俗语说得好，兴趣是最好的老师。根据学生喜爱故事这一心理特征，教师在授课前先搜集一些与课文有关的科学小故事。然后结合教学内容向学生们介绍。如果他们当中有了解的就让他们来讲。这样既能丰富学生的知识，开阔学生的眼界，同时也起到了启迪思维的作用。

比如：在讲授《生物的启示》一课时，教师可以这样导入：同学们，在上课前老师想了解一下，你们知道鲁班这个人吗？他是干什么的？知道的请举手。接着同学们个个争先恐后，踊跃回答。课堂气氛立刻高涨起来。看者同学们兴奋的样子，教师提出了第二个问题：同学们，你们刚才回答的很好。但老师这里还有一个问题，你们知道船是怎样演变而来的吗？问题提出之后，学生们好久也没有回声。见此情景，教师接着说："同学们想知道吗？"同学们立刻齐声回答"想"。接着就可以把船的历史渊源详细地向学生介绍了一遍。为了进一步激发学生的兴趣，教师在同学们理解了课文内容的基础上还要给同学们讲述了有关中华武术的一些仿生动作。

如：螳螂拳、猴拳、蛇拳、伏虎拳等，以此告诫同学们：科学就在我们的身边，我们要学会观察，要学会开动脑筋。这样学生的兴趣自然倍增。

抓住学生的好奇心，以点带面

好奇心是小学生有一心理特征。有了好奇才会有创造行为，当学生对事物感到好奇的时候，往往是创造性思维迸发的时候，如果没有好奇心理作用的推动，学生就不会主动地去查阅各种资料，也不会向老师提出一些看似古怪的问题。

举例说明：校五年级二班的袁华东同学就是这样一个典型的代表。袁华东在平日里就是一个非常好奇的学生，凡是遇到新奇的东西，他总是问这问那，甚至于还亲自摆弄一番，弄个明白。他上课的时候很用心，任何问题也不放过。有一次，他主动问："老师，我想做一个小制作，行吗？"教师说："可以啊！你准备做一个什么样的小制作？说来听听！"随后他详细地陈述了自己的想法。原来他放学后，经常帮助妈妈做一些力所能及的活。有一次帮妈妈捣蒜，他突然产生了灵感，他觉得蒜臼尽管好用，但是很麻烦。刚开始捣的时候，蒜瓣完整，很容易窜出去。于是产生了一个念头，做一个大蒜挤压器。

听了他的想法，老师觉得他的构思很新颖。于是便和他一起设计制作方案，现在正在制作中。袁华东同学的举动让我深受启发。老师想：何不借此机会向全班乃至整个年级述说此事呢？在征得袁华东同学同意之后，立刻在五年级三个班中广泛宣传。通过宣传同学们受到很大的影响。几周之后，有很多同学陆陆续续地拿着自己设计的图纸找我审阅。学习的发生起源于情景变化的刺激，科学发明往往是在刺激中产生的。

勤于点拨，创设和谐愉快的环境

教师是营造师生之间和谐、平等、民主交往的情感纽带。良好的氛围可以促使学生愉快地探究。我在教学中对于来自学生的各种提问从来不呵斥、压抑，而是给以支持、"纵容"、倍加爱护。

举例说明：三年级的许景辉同学，老师给他们上科学课仅有半学期，可是他非常喜爱科学。什么《百科知识》、《十万个为什么》、《百科大全》等书他都看过。有时遇到不明白的问题，他就主动找老师给他讲解。有一次，他在《当代小学生》一书中，看到了"饭后百步走，活到九十九"这句话对吗？不理解，产生了疑问。于是便利用闲暇之余找老师询问。当老师详细地给他讲解了饭后轻微活动与激烈运动所产生的两种不同结果之后，他非常高兴地说："科学老师，这回我可真正明白了这句话的意思。"兴趣的驱动，往往能使学生学习的效果事半功倍。

在教学中，教师不仅要激发学生学习的兴趣，而且在传授知识、培养能力等方面，我认为不能仅仅局限于课堂之上，应该调动学生自愿学习的主动性，随时随地勤于点拨。

举例说明：记得在一次活动课上，老师正在训练航模。有一位四年级的女学生突然问我："老师，您说，夏天洗澡的时候，为什么在水中没有感觉到冷，而离开水之后就感觉到冷呢？"听了她的问话之后，老师没有直接回答。而是举了一个生活中的小事例。老师说："你想想，洗手的时候，有时你没带毛巾，可是过了一会，手上的水没有了，这是为什么？"她想了一想，说："手热，水被手上的热气给蒸发了。"老师说："对呀！洗澡也是同样的道理。"她说："噢！我明白了。谢谢老师！"作为一个新理念下的科学教师，不仅要有渊博的知识，而且还要有一个平易近人、善待他人、百问不厌的品德，只有这样才能创设和谐愉悦的环境。

提供实验平台，在"玩"中探究

科学课的生成主要是以探究为核心的。探究既是科学学习的目标，又是科学学习的方式。在小学阶段，作为一个科学教师，必须会充分利用学生好奇和好玩的天性，引导他们在"玩"中进行探究。要探究就要为他们提供一个实验平台。因为实验能激发学生学科学的兴趣，也能展现"玩"的特性，同时还能拓展学生的思维空间，开拓学生的视野。通过实验学生可以运用所学的知识，亲自动手，大胆猜想。例如：在教学《小米粒水中游》一课时，老师首先提出问题：同学们，怎样做才能使小米粒在水中游起来？问题提出以后，学生们列举了很多方法。此时，老师又进一步提出："不能用手摇动或用小木棍等工具搅动，但还要让小米粒在水中游动起来，想想用什么办法？"这时有的学生说："给水加热"。老师说："能行吗？"此时，学生们争论不休，各持己见。为了验证这个猜想对不对，老师让同学们以小组的形式进行分组实验并提出要求：

在给水加热时，小米粒在水中是怎样游动的？

画出小米粒在水中游动的路线。

做好观察记录，以备交流。

实验要求的提出，为他们的进一步探究奠定了基础。通过实验观察各小组均取得了良好的效果，他们通过"玩"玩出了热对流的传递方式。在此基础上，老师又进一步引导，提出新的问题：

冬天，暖气是怎样是房间变暖的？

怎样让稀饭热得快？

怎样让炉火烧得更旺？

问题提出后，学生们利用已学的知识，通过争论最终得出了结论：

暖气使房间变暖是因为：暖气片周围的空气受热后迅速上升，而周围的冷空气又迅速流过来进行补充的结果。

让稀饭热得快必须采用加热传导的方法。

让炉火烧得更旺必须使空气对流。

在这一学习过程中，学生通过"玩"玩出了自我观察，自我探究、自我发现。玩出了兴趣。

科学源于生活，又要为生活服务。在教学中，教师必须密切与生产生活联系。从学生熟悉的身边现象入手，合理引导他们发现问题，探究问题。让学生在学中用，在用中学。要让学生真正觉得生活中充满科学，科学就在他们身边。

7. 在科技教育中培养学生科学素养

加强科技教育是实施"人才兴国"战略，持续增强国家创新能力和竞争力的基础性工程，必须从基础教育抓起。"生活教育"理论是陶行知教育思想的结晶，在我国教育史上是划时代的创举。它与当前我们正在实施的素质教育与推行的新课程改革，其精神一脉相承。学校寓科技教育于学生平常的学习生活，旨在培养学生的科学素养。

首先，环境是最好的老师学校通过"科技走廊"、"科技橱窗"、"三小作品室"、"劳技室"等方式为学生提供多维的科技教育环境，让学生在潜移默化中接受科普教育。

其次，以科学学科教学为主阵地，全面培养学生开展科学探究活动的能力。新课程改革中的《小学科学》教材是由一个个具有科学性、知识性、趣味性、实践性等特点的活动组成的。搞好科学学科的教学有助于培养学生的创新能力、动手能力等，为学生开展科技活动打下坚实的基础。

再次，把科技教育融入我校的各项活动中，如"春芽艺术节"、兴趣小组活动、电视教育、学工活动、科技夏令营等，让科技教育贴近学生的生活。

21世纪是人才竞争的时代，是科技竞争的时代，科技人才的培养必须从娃娃抓起。陶行知先生对儿童曾提出"六大解放"，即解放儿童的头脑、解放儿童的双手、解放儿童的眼睛、解放儿童的嘴巴、解放儿童的空间、解放儿童的时间。在这种思想的倡导下，为增强学生的科技意识，提高科技素养，我们努力让科技教育走进学生平常的学习和生活。

寓科技教育于教育环境中，营造良好教育时空

（1）在教学楼中建立科技走廊

科技长廊上挂有：著名科学家的图片和简介，科技名言名句，各种现代科技的介绍，还有一些珍稀动植物的介绍。寓科技教育于隐性教育之中，有意识或无意识的对学生进行科技熏陶。

（2）教学楼各楼层设置了科技橱窗

橱窗中展示的学生作品我们会定时更换，以保证其新鲜度。教学楼橱窗展示：优秀小制作；动物标本；优秀小发明；优秀的科技小论文。橱窗中展示的这些学生科技作品蕴涵了他们的智慧，倾注了他们的心血，放开了他们灵巧的小手，拓宽了他们的科技思维，展示了他们的科技能力。

（3）设立了"三小作品室"和"劳技室"

在"劳技室"里存放了学生科技活动所需的一些材料和工具；在"三小作品室"中则陈列了历年来学生制作的优秀三小作品和动植物标本。这两个特色教室在每周固定时间开放，供全校师生参观。

寓科技教育于科学教材中，培养创新精神

新课程改革中的《小学科学》教材是由一个个具有科学性、知识性、趣味性、实践性等特点的活动组成的。上好每一堂科学课，让学生在学中玩、玩中学，注重对学生动手能力、实践能力、多向思维能力的培养。

（1）科学课的核心是让孩子们充分体验科学探究、科学发现的过程：提出问题、猜想预测、检验假设、记录信息、交流总结。通过这五个环节来发展孩子们探究解决问题的能力。

爱因斯坦认为："提出一个问题往往比解决问题更重要。因为解决问题也许仅仅是一个数学上或实验上的技能而已。而提出新的问题、新的可能性，从新的角度去看待旧的问题，却需要有创造性的想象力，而且标志着科学的真正进步。"在科学课中学生会提出各种各样的问题，教师应该善于捕捉、发现并记录孩子的疑问，与他们共同探讨，发现其产生疑问的根源，努力培养并保持孩子们好问、善问的好习惯。

如科学三年级上册的《观察蚂蚁》一课中，学生就会提出很多问题：蚂蚁用什么来交流信息？蚂蚁怎么生宝宝？蚂蚁可以吃吗？蚂蚁怎么分雌雄？真的有食人蚁吗？……只要教师放手让学生自主观察，任其自由提问，学生肯定会有很多有趣的问题，这正是科学探究所希望的。

猜想预测是孩子自己生动建构知识的前提，是开启孩子心智，培养创新性人格的重要途径之一。在科学课上我们必须允许孩子异想天开，耐心倾听学生的每一句话，鼓励他们"求异"的精神。引导学生独立思考，想办法验证自己的猜测。在这一过程中教师要起到一个引导的作用，把研究引向一个明确的方向。

如五年级科学中《摆的研究》这一课中，让学生猜测摆的快慢与什么有关？有的学生认为摆的快慢与摆长有关，有的认为摆的快慢与摆锤的重量有关，有的学生认为摆的快慢与摆幅有关。老师并不急于把正确答案告诉学生，而是让他们自己去设计实验验证。这样，学生就会带着自己的目的去探究。

学生自主设计实验以后就进入了实验检验假设阶段，在这个阶段中我们要让学生经历一个"实验——质疑——再实验——再质疑"的过程。不可能每个实验都能一次性获得成功，在孩子实验失败时，我们应该及时鼓励学生再来一次。在整个实验验证过程中不仅提高了学生的动手能力、实践能力，更是培养了他们永不言败，不折不挠的科学精神。

如五年级科学《螺旋桨小车》这一课中，用学具中的材料一开始有很多小组都做不成功，但孩子们没有气馁，积极地寻找失败的原因。是橡皮筋绕的圈数不够？还是小车轮与轴之间的摩擦力太大？一次次地实验，一次次地改进，最后终于有不少小组获得了成功。在这个过程中，孩子们的思维在不断地发展，科学的方法、科学的态度也随之养成。

　　无论实验是成功还是失败，老师都要给学生足够的时间让他们把操作的过程和实验的结果记录下来。然后鼓励孩子们将自己的记录与全班同学进行交流、汇报，并与实验前的猜测进行比较，引导孩子们在失败的记录中寻找原因，在成功的记录中得到启示。

　　（2）在科学教材中选择合适的单元进行科技实践活动，《科学》教材中每一个单元都有一个学习主题，我们可以选择合适的单元进行科技实践活动。

　　比如：科学四年级《电》这一单元的最后一堂课中，让孩子们自己设计并连接了房屋模型的照明系统，比一比哪个小组设计制作得最漂亮最实用。科学五年级下册第一单元《运动和力》学习结束以后，老师可以请同学们以小组为单位自己设计并制作各种小车，然后在课堂上进行制作、评价和交流，开了一个"小车的展览会"。科学五年级下册第二单元《生物与环境》教学结束后，老师在科学课堂中进行一次演讲比赛，主题是"保护珍稀动物，维护生态平衡。"而科学六年级下册第一单元《机械和工具》老师则以制作一份科技小报来结束整一单元的学习。

　　寓科技教育于各项活动中，提高科技素质

　　（1）学校每年四月都会有一次历时较长的"春芽艺术节"，在这个艺术节中有一个内容是"科技创新月"，在这个月中，学生可以制作自己拿手的小制作和小发明，也可以写写小论文和科技金点子。最后，在科技月即将结束时，由学校的大队部和所有的科学专职教师评选出优秀的作品和获奖的同学。获奖的同学可以得到一定的奖励，而优秀的作品则收藏到"三小作品室"和"科技橱窗"。

　　（2）学校每周三下午是兴趣小组活动，其中有"科技创新班"和"标本班"。指导"科技创新班"的老师是学校专门从校外请来的专家。通过这样的兴趣小组活动，学生们的科技实践能力得到了提高，创新能力也得到了较好的培养。

（3）开展科技电视课程，科技教育，除了学生自己动手做外，更多的是对科普知识的了解，感受社会进步、生活质量提高离不开科学发明和技术创新，进而树立学习现代科学、弄清科学道理、尊重科学事实、热爱科学真理、学会科学的生活等观念。因此，学校在每周都要安排固定时间的电视科技教育时间，专门播放一些科普教育类的影片，如《蓝猫淘气 3000 问》、《蓝色星球》、《环球小旋风》等。让学生在轻松的电视课中，了解我们的世界、做一个有科学头脑的现代人。

（4）学校每学期都要组织三年级以上的学生参加一次学工活动。学工活动在绍兴市青少年活动中心进行，那里有专业的教师，有完备活动的工具和材料，也有足够的活动场地。孩子们可以在这个活动中种植花草，亲手制作糕点，做一回小木工，进一次五金小工厂，他们可开心了。

展望新时期，青少年科技教育工作任重而道远，只要我们把握机遇，开拓创新，勇于实践，扎实工作，一定能在青少年的科技教育领域中做出贡献。

8. 利用科技资源培养学生科学素养

小学《科学》课程的主要目标就是培养小学生的科学素养。我们在教学实践中怎样实现这一目标呢？这是我们每一个任课教师思考的问题。科学素养的培养，以学生的探究科学的兴趣为切入点，倡导在活动中学，借助具体事物来学习科学。实践证明，充分利用和挖掘校内的科技教育资源，能有效增强小学生的科学意识，培养他们的科学方法。

皮亚杰认知发展阶段论告诉我们，小学生正处在具体运算阶段和形式运算阶段，他们需要借助一定的具体事物来理解科学现象，有效地学习科学知识。所以，对小学生加强科技教育，培养他们的科学素养，主要途径是充分利用学校内部和外部的科学教育资源来实现。如何在新课程理念指导下，有效地利用和挖掘校内外教学资源，开展科学教育活动，培养小学生的科学素养，是摆在我们教育工作者面前的一个重大课题。

利用学校原有的绿化作物，通过上网或访问等方法，给它们挂上牌子，标明"名称、原产地、生活习性"等，使校内的花木有了名片促使学生关注校外的花草树木。在科技宣传栏张贴学生的科学小征文，定期对学生科技作品进行展示。校园环境资源内容充满童趣，形式多样，特别吸引同学们驻足凝视、叹为观止，构成了校园内独具魅力的亮丽风景线。

我们要利用科学课堂教学的有限时间，培养学生科学探究的方法。科学教育的重要目标就是向学生传授科学探究的方法，让学生在实验研究中学生自己去提出问题、作出假设、设计实验、得出结论并初步运用。所以，我们要让学生在课堂内尽量多地进行科学探究，应充分挖掘实验器材在科学课堂教学中的作用，让学生在"玩"中取乐，乐中有悟，并努力把这种研究延伸到课外，引导学生自己发现问题，自觉开展探究。

教育师资扩面

我们除了科学专兼职老师外，还充分利用另外各学科教师的个人特长或人格魅力，在各学科的课堂教学中，渗透对学生科学方法的指导，努力创造条件，提高学生的整体素质，为提升学生的科学素养奠定基础。

例如，在《信息技术》课上，我们要求老师教会学生怎样在网络上查找科普资料；又如，部分老教师虽然他们没有从事科学教学，但他们在农业种植和养蚕等方面有丰富的经验，而且他们也乐意为学生在校内开辟种植园、饲养场。这些老师不辞辛劳，他们利用"地方课程"等教学时间，对学生进行某个科学专题学习的悉心指导。

教育场地扩容

实践证明，许多科学研究只局限在教室里是收效甚微的，我们完全可以走出教室，利用校园内现有的教育场所和资源，对学生进行科学教学。例如，当我们教学《植物的叶》时，就可以走出教室，观察校园内各种花草树木的叶子；在教学"风的等级"这一内容时，让学生看工厂烟囱冒烟、国旗飘扬和树枝摇动的情况，以判断当天风的等级状况；在教学种植凤仙花时，要求组织学生有秩序地到校内科技实践基地，种植并观察凤仙花的生长过程，使学生学习科学不仅仅是停留在书本上……

以上这些例子不胜枚举，走出课堂的目的，最终还是要回归于课堂，课堂教学始终是科学教学的主阵地，小学生从感性到理性认识的过程中，学生需要教师进行方法论的引导，以便学生挖掘出更多、更有价值的学习资源。

小学科学课程的特点，决定了在教学方式上必须要求学生充分利用课外时间，结合校外的生活资源，学以致用，确立学生的科学概念，从而提高学生的科学素养。

我们都说"父母是孩子的第一老师"，是学生校外学习的组织者，我们应有效利用学生的父母亲等家长资源，发挥学生家长各自的优势，挖掘他们的潜力，让学生在家长那里学到更多的科学知识和技能。同时，学校要求家长为孩子营造一个良好的家庭环境，努力让每位学生生活在一个学习型的家庭氛围中。例如，当许多学生学会了电脑的基本操作方法，家庭有了电脑，他们可以快速查阅，使学生学到更丰富生动的科学知识。

我们的学生成长在农村，有广大的空间。我们必须要以大自然作为学习的对象，河流、工厂、农田、花草树木等，都是科学学习的重要载体，也是开展相关科技活动的学习资源，在适当的时间到达适当的地点，用适当的方法来进行教学活动。如学"动物"、"植物"单元时，要求学生在校外的田野上完成，注意花草树木、鱼虫鸟兽等，并记好科学观察日记。

我们充分利用校外的科普读物。我们认为如果让学生的学习仅限于课本知识，那么学到的知识可能是单调的、片面的，有很大的局限性。例如，太阳系的"九大行星"中的冥王星已不再是行星，从此太阳系只能有"八大行星"了。因此，要让学生明白，科学是在不断发展的，仅学好教科书是远远不够的。教师要有意识注意这类信息，引导学生从丰富的课外阅读中去获取广泛而深入的知识。我们定期向学生推荐优秀的科普网站，如中国科普博览网、中国网上动物园等，还介绍网络上的有关科普读物和社会上出版销售的科普图书，要求学生及时阅读并作好学习笔记，学生的学习笔记要有组织地进行检查评比，并与学生期末总评挂钩。

我们还可以利用电视、广播、电脑等传媒，丰富学生的科学知识。电视方面，仅中央电视台，就有科技教育频道 CCTV－10，有《人与自然》、《动物世界》、《中国旅游》等十多个栏目。还有国家、省、市各级的教育频道。我们可以给学生提供这些电视节目的时间表，让学生去自由选择收听或观看，引导学生在享受快乐闲暇的同时，学习到了科学知识。

小学生科学素养的培养不是一日之功，需要我们在教学、生活的方方面面去体会，去引导，培养学生的科技兴趣浓厚，养成良好的学习习惯，不断提高科学实验、科学探究的能力，实现科学教学的目标。

9. 利用"小实验"培养学生科学素养

九年义务教育人教版《初中物理教科书》中，每章节课后都有"阅读材料、小实验、小制作"等内容。这些"小资料"内容丰富，涉及面广，是培养学生科学素养的好教材，若把课后的"阅读材料"与教学过程融合起来，并且安排好课后"小实验、小制作"活动，对全面提高学生的科学素养，会起到一定推动作用。本文谈谈处理课后"小资料"时的一些做法。

利用"阅读材料"，树立热爱科学的信念

现在有些学生认为自己很笨，今后不可能在科学事业上有所贡献；还有一些学生在学习中存在着怕吃苦，不勤奋，又想取得好成绩这种不切实际的想法。在教学中，教师要根据教学进度恰当地利用"阅读材料"有目的地介绍科学家为科学事业锲而不舍，敢于献身的精神。

如：讲到"白炽灯"时，介绍发明大王爱迪生，一生获得专利的发明就达 1300 多种，为找到做灯丝的最好材料，先后实验 1600 多种材料。在研究白炽灯的过程中，爱迪生和他的助手们常常连续几天几夜不停地实验，吃住在实验室中。这位只上过三个月小学，全靠自学成才的大发明家，除了自己动手实验，还夜以继日地阅读科学书刊和学术论文。有一次他的朋友当面称赞他是天才，他笑了笑说："天才不过是百分之一的灵感加上百分之九十九的汗水。"

充分利用"阅读材料"不失时机地介绍科学家的事例，使学生从科学家身上学到热爱科学，实事求是，勤奋好学，刻苦钻研的精神，从而树立起为科学技术发展而发奋学习的坚定信念。

利用课后"小实验"培养科学探究能力

教科书后有些"小实验"课堂上是没法完成的。因此应引导学生利用课余时间，采取灵活形式开展活动。

如"筷子提米"、"巧找中心"、"真空不能传声"、"观察大气压随高度变化而变化"等小实验可让学生回家后单独探究，培养学生独立思考，观察分析能力，尝试科学探究的方法。有些学生回家找材料自己动手做实验，简单易行，效果极佳。如用橡皮泥证实大气压的存在，研究沉浮条件等。这些实验增强了学生科学探究的自信心。有些"小实验"学生之间可以进行小组合作探究。如"你对地面的压力有多大"、"比比谁的功率大"、"纸锅烧水"等这些实验，两个以上学生可以结合成一个小组进行探究，小组之间通过"提出问题"，然后小组成员都猜想与假设，共同讨论得出结果，可以做到各抒己见，取长补短，不论实验成功与否，重在参与，培养学生的合作精神。提高学生科学探究能力。

利用课后"小制作"培养创造能力

有位学者说过："听来的忘得快，看来的容易忘，自己做出来的一辈子也忘不了。"因此我在初中物理教学中，都把课后"小制作"留给学生利用节假日制作。这样学生可以有充分的时间自找材料，自己设计，独立动手，独立思考，充分动脑，动手实践操作，并不断改进、创新，使之成为精品。

如有的学生把书本上介绍的"真空照相机"加以改进，筒身可以伸缩，后面加上遮光布，使成像效果更明显；还有的学生在学过重力知识之后，回家制作了一个水平仪，后来又带到学校，经同学们建议，老师指导，又在此作品基础上增加了一个量角器，这样的水平仪既能检测台面是否水平，还能检测出倾斜角度的大小；有些同学还利用废旧材料组装作品，如废旧近视镜与老花镜组装简单望远镜等。

通过"小实验、小制作"活动，把机会留给学生，逐渐培养学生在动手中学会了动脑，在动手中学会了发现，学会了创新，培养了创造能力，养成了在实践中探索，探究的科学素养。

10. 利用课外活动培养学生科学素养

陶行知先生说过："你们知道现在是一个科学的世界。科学的世界里应该有一个科学的中国，科学的中国要谁去创造呢？要小孩子去创造！等到中国的孩子都成了科学的孩子，那时候，我们的中国便自然而然的变为科学的中国了。"培养队员爱科学的思想素质，引导队员学习科学知识，为将来建设祖国服务，打下基础是我们的任务，这实际上也是爱党、爱祖国的一种表现形式。所以我们有责任去开展好爱科学的教育活动，把队员都培养成学科学、爱科学、勇于探索科学的孩子。

科技教育是面向全体的教育，这符合少先队"组织起来再教育"的全体教育原则。因此，少先队科技教育第一步是普及活动，达到普及教育。我们采用的方法是先在基地上开展劳动实践，人人参加。在教室里开展科技教育班队课，人人获得教育的机会。班队开展小制作展览，人人有机会露一手。

积极参与和辅导

教师作为教学活动的组织者和实施者，应积极参与和热情辅导，不断地观察和发现学生的心理素质和能力所为，因势利导，培养他们各自的创新意识。

学生大多喜欢航模飞机和风筝的制作及放飞。但多数学生由于缺乏制作技巧和飞行知识，只能做成而不能调准，往往飞不高飞不稳，甚至一飞就栽倒。我们老师要身临其境，言传身教，积极参与和及时进行辅导。同时还采用典型引路的办法。我们首先要对一批历次比赛中飞得较好的"小行家"进行培训提高，而后让他们在班中进行操作演示。同学们得到启迪后，在制作中都能注意两翅的对称性和平衡性、头尾的轻重比例等关键，各自想出了行之有效的办法，小心翼翼，精心扎制，又经过反复的放飞调试实践，很快掌握了性能，普遍获得成功，各班都涌现了一大批能手。经过老师的参与和针对性的辅导，使每个学生增强了想象力和动手能力，进一步激励了学生不断探索科学的热情。

进行因势利导

学生在小飞机飞行的成功性上取得了一些成绩，我们老师就要因势利导，在如何提高飞机的留空时间上，再激发起学生的创新意识，启发同学运用学到的知识去解决问题。所以同学们自然而然地想到小飞机的原动力，他们在橡皮筋的扭动性、耐用性方面作了好多探索，有的放在植物油中浸，有的在不增加长度的基础上，自制了非常耐磨的橡皮筋，有的设想着用无线电摇控，用电动作动力，不断拓宽创新思维的空间。这样，不但使学生的思维有了再发展，更重要的是培养了他们锲而不舍、勤奋钻研的精神。

提升创造作品

培养学生的再创造能力，学生的小发明、小制作毕竟是粗糙的、不完美的，好多是属一般性的题材制作。即使有的题材较好，但做工不精巧或不能体现其科学性。我们搞小制作，不仅仅是为了竞赛，主要是通过制作过程激发学生的创造性思维和创造能力，因而不能为了选优，轻易放弃一般作品，而应力求提升每一件作品，使学生的思维得到再开发的机会。所以我们老师要在每次征集小制作、小发明的作品中，除了细致观察，分类选择外，重点放在对每件作品的辅导和指点上，引导学生去粗求精，使作品重放光彩。

如有两位女同学，平时喜欢作纸工制作，在班主任的引导下，他们利用平时节假日空闲时间，用白色的废旧铜板纸，折叠成一只坐着的天鹅，与众不同的是做工很为精巧，但美中不足的是，作品缺少气质，显得呆板。老师指点他们进行再创造性思维，激发他们的创造灵感，要求尽量使作品能够静中有动，富有艺术色彩。两位学生经过一番苦思和再创作，终于把这只天鹅做成展示着双翅，泼打着激起浪花的"天鹅戏水"作品。充分体现了作者热爱大自然，热爱生活，敢于奋发的情怀。

组织比赛活动

巩固兴趣、展现科技成果、强化科技信心，学校经常要把学生组织起来，向他们讲解相关的科学技术知识和最新的科技动态，让学生从小撒下爱科学的种子。在活动中，让队员、学生接受科学知识的熏陶，懂得科学的重要性，同时让他们在活动中亲手实践和亲身体验，多动手动脑，提高科技意识。最让学生们欢天喜地的是学校开展的各种活动："科技周科技作品展"、"班级篮球赛"、"演讲辩论赛"、"小发明、小制作、小论文比赛"、"小学生风采赛"、"器乐演奏赛"、"书画摄影展"、"地球日环保漫画展"、"电脑制作大赛"任他们挑选；"热门话题讨论"、"班级歌咏赛"……让学生有充分的展示自我、提高自我的空间。一次活动，少则一节课，多则三五天。在那些忙碌的日子里，学生们互相被热情、勇气、活力和自信精神深深地震撼着，他们尝试、展示、爆发、艺压群芳、技压群雄、掌声如潮，为鲜花激动，为成功陶醉。在活动过程中，学生们的科技兴趣得到了巩固，科技成果得到了展现，科技信心得到了加强。

总之，学校辅导员要在科技教育活动中，根据自己所在学校的不同环境、学生的不同条件，找出自己所在地方开展科技教育活动

36

的方法内容，总结出自己的经验，完成课题的研究任务，写出论文，通过科技教育活动的探索，来认识农村科技教育存在的优势和条件，找到农村小学少先队开展科技教育活动的方式方法，为完成培养社会主义事业建设者和接班人创造条件。

11. 在语文教学中培养学生科学素养

培养学生创造能力情感是人对客观事物所持态度的反映。一旦学生对科学中涉及到的事物比较熟悉了解时，就会体验到一种情感。这种情感，反过来激发他们学科学、爱科学、向往科学的积极性。小学生尤其需要培养这种情感。

从观察认识中，培养学生爱科学的情感

心理学研究告诉我们，情感和认识过程紧密联系着。客观事物只有当它被认识了的时候，才有可能引起人的情感。遵循这一心理学观点，教师指导学生观看中央电视台一套每晚 7 时 55 分，播出的《科技博览》节目，并要求每生将观看到的题目及内容记下来，第二天到校后同桌同学相互交流。为了督促学生自觉观看这个节目，教师特意设计了"看中央电视台科技博览记录表"，要求学生每晚看后填上时间、题目及大致内容，一个月后交给我。教师还向学生家长发通知，要求家长给予配合支持，共同做好这项工作。教师自己也坚持每晚必看这个节目，以便和学生谈心。经过一段时间的节目观看，学生感到这个节目有趣。由不知"科技博览"这个节目，到渐渐认识这个节目，并且喜欢这个节目。"科学"这个含义，对小学生说是比较模糊的，抽象的，只有通过具体的事物指导观察认识，才会深刻领会其实质。真情来源于实感，实感才能产生真情。通过一年来坚持让学生看"科技博览"的训练，学生从中领悟到科学的含义。对此，学生对科学也产生了喜爱之情。

从学科渗透中，培养爱科学的情感

小学各学科都蕴含着丰富的科学教育资源。在学科中渗透科学教育，加强各学科与学科的联系，可以提高其效益。教师要在吃透教学大纲、教材，挖掘教学内容中的科学教育因素，努力完成科学思想的确立、科学知识的传授和科学能力的培养这三大任务，把科学教育纳入学科教学目标中去。然后根据自己对教材的体会和学生的实际情况创造性地使用教材，达到"源于教材，又优于教材"的教学效果。

语文学科中涵盖的科学知识面较广泛，小语七、八两册课本中的就有10多篇课文是传授有关科学知识的，教师就要紧抓内容，重点启发诱导，培养学生爱科学的情感。如《青蛙的眼睛》一课、是一篇儿童科普文章，说明科学家们根据青蛙眼睛的特点，研究制成了指挥飞机的飞行或降落的"电子蛙眼"；《航天飞机》一课，用拟人化的手法，通过一架银色飞机两次遇到航天飞机的情景，具体向人们介绍了航天飞机的特点和作用。通过这些课文的学习，让学生从阅读中领悟到科学技术的神通广大，与我们的生活有着密切的联系。学习了《李时珍》、《一定要争气》等课文后，让学生领悟到：学科学、用科学必须要有踏踏实实的求知态度，坚韧的毅力和无私奉献，报效祖国的志向。

从课外阅读中，培养学生爱科学的情感

阅读活动伴随着情感过程，运用情感迁移规律，激发学生学科学的欲望。对此，我采取以下做法给予指导。

(1) 设法创造阅读环境，拓宽学生的知识视野

我发动学生订阅适合少年儿童阅读的《少年科学》、《小学生时代》等读物。要求学生认真阅读这些刊物，并要求有记录。同时还

鼓励学生去校图书室和县图书馆办理借书证，充分利用课余时间，阅读课外书。学生做到人人手中有二册固定的读物和人手一卡的借书证。阅读有了环境，学生从大量的读物中学到了许多科学知识，真正拓宽了知识视野。

（2）利用情感和需要的关系提高阅读水平

除定期组织相互交流阅读方法、体会外，还利用中队活动时间召开朗读会、故事会、主题中队会等，让学生感受学科学的乐趣。如《畅谈科学家故事》、《科技"星"光灿烂》等主题会上，学生以小品、相声、舞蹈、诗朗诵、快板等形式，向大家畅抒了从课外读物学到的科普知识。同学们纷纷叙说：卫星在我们手上起飞、火箭在我们队鼓中闪光，小小航模游进了小河，激起了一朵朵欢乐的波浪。别看我们今天的"玩意儿"太小，明天就会长成大树棵棵，我们的队伍里，将会走出无数个爱迪生、瓦特未来的史册里，将记载数不清的张衡、沈括……学生们在不断满足求成、求知、交往、倾吐等需要的过程中，阅读的兴趣倍增。阅读水平不断提高，学生爱科学、学科学的情感也倍增。

（3）处理好导与作的关系，激发习作激情

在阅读课外书籍的过程中，我要求学生每天读一篇（本）课外书，反复体会作者的思想感情及构思，并作记录。结合课外书，写一些读书笔记，仿写一些段落。特别是阅读科普文章后，教师要引导他们发挥想象，撰写一些假想发明的小文章。

从实践活动中，培养学生爱科学的情感

实践活动是形成和发展儿童情感的重要途径。学生参加了具体的实践，就能所感有所得。

（1）强化课内活动

课堂是科学教育的主阵地，教师要经常性开展主题班会教育，针对一些科学教育问题进行探讨，让学生经历思考、讨论、分析研究的过程，增强学生的科学意识和能力。如《你知道哪些科学家》主题会，学生多者能说三、四十个科学家名字，少者也能说出一、二十个科学家的名字。通过收集科学家的故事，让学生从中了解到科学家研究发明是来之不易，使学生对科学家产生敬佩之情，同时也激励学生从小勤奋学习，长大成为祖国的有用人才。

（2）优化课外实践活动

课外科学活动作为课堂教学的补充和拓宽，大大丰富了学校科学教育的内容和形式。我做到了校内与校外相结合，让学生走向自然，走向社会，在社会中思考。

（3）让学生亲自动手

由于学生在感受科学知识的同时，小制作、小发明的思维能力也得到培养。教师要有意识地安排一些活动培养学生的动手能力。发动学生编"科技小报"，把《少年科学》每期上的飞机或军舰模型剪贴成型，制作风筝举行比赛，为玩具厂设计玩具图形等等，让学生动手制作，搞创造发明既受学生喜爱，又培养和创新精神。

12. 在常识教学中培养学生科学素养

未来社会将是一个高度信息化的社会、知识发展型社会，它需要更多具有不断学习、探索新事物能力的人。为适应科学技术高速发展和经济全球化的挑战，已开始把注意力放在培养学生一系列新的能力上，特别要求学生具备迅速地筛选和获取信息，准确地鉴别信息的真伪，创造性地加工和处理信息的能力，并把学生掌握和运用信息技术的能力作为和读、写、算一样重要的新的终生有用的基础能力，在知识经济时代，信息素养已成为科学素养的重要基础。

每一个生活在科学技术高速发展时代的人，从小就明显地感受到了科学技术所带来的种种影响。因此，从小就必须注重培养学生良好的科学素养，通过科学教育使学生逐步领会科学的本质，乐于探究，热爱科学，并树立社会责任感。学会用科学的思维方式解决自身学习、日常生活中遇到的问题。

科学素养的主要内涵

一般说来，学生的科学素养应涉及到三个方面：

第一科学态度、情感与价值观；

第二科学探究的方法与能力；

第三科学知识与技能。

学校的科学教育要以促进每个学生的发展和全面提高青少年的科学素养为核心，以培育科学态度、情感与价值观为主导，以发展学生创新精神、形成独立思考和探索实践能力为重点，以适应学习化社会所需要的基础科学知识及其技能的学习为基础，以理解科学、技术与社会的关系为背景，在自主学习过程中养成科学的行为和习惯。要把作为科学实践指导与规范的科学思想（包括科学态度、科学精神），以及它所应用或创新的科学方法与科学知识的教学结合起来，克服单纯传授知识的不足，帮助学生在学习科学知识的同时也受到科学思想与科学方法的熏陶，从而培养比较全面的科学素养。

在进行科学知识教学中，把科学与技术的社会功能以及社会、技术对科学发展的推动作用渗透进去，帮助学生了解和认识它们之间的相互作用与相互关系，特别是自然科学对经济发展和社会进步的作用与意义及其在实践中的运用，从而建立起比较符合时代特征的科学观和以科学实践服务社会、服务祖国的自觉意识，并学会在实践中逐步综合地加以运用。

培养学生科学素养的原则

（1）力求体现科学本质

科学本质的内涵是多方面的，其过程是科学探究活动，其成果是科学理论知识，其认知主体是科学家，其活动规范是科学精神，其社会功能是促进社会的物质文明和精神文明建设。我们要从这种广义的观点出发，把对科学教育和科学素质的理解，建立在这种对科学本质的认识基础上。科学教育不仅要涉及到科学知识的传授，而且还要涉及到科学探究能力和科学精神的培养，以及对科学、技术与社会关系的认识。

（2）全面提高科学素质

根据上述广义的科学本质的观点和科学教育的内涵，科学素质就不只是科学知识一个方面，还涉及到科学思想、科学方法和科学精神等方面。

（3）普及性、基础性和发展性相统一

确定学生应具备的科学素质的具体内容，应面向全体学生，而不是少数精英分子，所以它应该具有普及性。同时还应考虑到学生的年龄特征和认知特点，小学生正处于学知识、长知识的阶段，正处于从具体形象思维向抽象思维过渡的阶段，对其进行科学素质的教育应与这种特点相符。要选择那些对他们这个年龄段来说是最重要、最基本的科学素质。此外，还必须面向世界，面向未来，面向现代化，全面考虑基础性与现代化的关系，基础性与发展性的关系，要选择那些与现代科学技术的发展有关，与学生今后终身学习有关，又是他们能够接受的、能反映时代特征的新内容。

培养学生科学素养的途径

小学常识学科是现阶段对小学生进行科学启蒙教育的课程，它非常重视培养学生学科学、爱科学、用科学。因此，在教学中培养学生的科学素养就成为常识教学目标重要的内容，也是常识教师义不容辞的责任。在平时的教学中，我们努力以新课程标准的基本理念来指导我们的教学，让学生亲身经历一些以探究为主的学习活动，培养他们的好奇心和探究欲，发展学生对科学本质的理解，使学生学会一些探究解决问题的策略，力争为学生今后的学习和生活打下较好的基础。

（1）挖掘教材因素，普及科学知识

科学知识在科学素养中起着基础性的作用。人们的科学素养不高主要在于科学知识的弱化。作为常识教师，我们要教育学生努力学习科学知识，不断强化科学意识，用科学知识武装自己的头脑，用科学素养撑起前进的风帆。

①获得基本的科学知识"为什么会打雷下雨？为什么有冬天夏天？"学生不知道的奥秘有万万千千。常识课作为一门独立的学科，有其独特的认识对象。它以学生常见的事物和现象为主要认识对象，涉及到生命世界、物质世界、地球和宇宙等诸多科学知识领域。

我们要充分发掘教材，通过常识课的学习，使学生知道与周围常见的事物有关的科学知识。如中高年级教材中既有探索自然界物质是相互联系的内容：绿叶制造养料与水分、阳光的联系，种子的萌发与空气、温度之间的关系等，也有探索自然界物体运动变化规律的内容：热的传导、月球的变化、生物的进化等等。我们通过这些知识的教学，能使学生初步掌握了一些自然变化的规律。

②培养科学的世界观充分发掘教材，培养学生辩证唯物的世界观。在常识教材中，到处蕴涵着"自然是有物质组成的"，"生物是不断进化的"，"自然界的物质是运动变化的"，"历史是人民群众创造的"等辩证唯物主义世界观。

我们应教育学生用辩证唯物主义的观点看待世界，看待世界与人的关系，要教育学生相信科学破除迷信，要让学生知道世界是可以认识的，懂得一切事物是按自身的规律不断运动变化的，事物之间是相互联系相互影响的。我们可以通过教材提供的各种具体的常见事物和现象，如花草树木、鱼虫鸟兽、月相变化、物体运动、人际交往等等，使学生从感性上认识各种事物和现象，不断积累感性经验。有了这些基础，学生将来辩证唯物主义世界观的树立也就水到渠成了。

（2）通过实践活动，掌握科学方法

科学方法是科学素养的重要组成要素，是科学的认识方法。我们要改革传统的教学模式，积极引导学生从客观实际中探求知识，让学生在科学探究中收集信息、处理信息，并从中获得新的知识。这样他们得到的才可能不仅仅是知识，还有科学思想和方法等。因此，在常识教学过程中，我们要善于通过科学探究活动使学生掌握一定的科学方法。

①培养实验、观察、制作的能力常识课中有大量的观察、实验、制作等活动，我们让学生亲自动手进行观察实验，使学生不仅从中学习科学知识，获取探索乐趣，还培养了科学的行为方式。

在实验方面，指导学生认识和使用一些简单的仪器，学习初步的设计实验的方法，会做一些基本的分组实验，包括验证性实验、探索性实验和测定性实验等等；

在观察方面，指导学生观察各种事物现象的观察方法，包括明确观察目的，把握观察重点，有计划有步骤地按顺序观察、多角度观察，边观察边思考、边观察边研讨、边观察边记录等等，从而培养学生认真细致的科学态度，掌握基本的科学方法。

在制作方面，指导学生制作一些简易的科学模型，如岩石标本、昆虫模型、植物标本等；还要让学生能综合运用所学的知识，制作一些带有创造性的科技作品。

②传授科学探究的方法在探究实践活动中，我们教给学生"提出问题——作出假设和预测——计划与实践——结论与思考"的科学研究的基本方法。在教学"水的浮力"时，其中有这么一个环节，我们刚完成让浮在水面的潜水艇下沉的实验。这时，有学生就提出了怎样让沉在水底的潜水艇浮起来的问题。老师及时表扬了这位同学，并要求大家分组讨论、动手试试怎样解决这一问题。结果在同学们讨论、实践的基础上，在教师的巡回指导下，各实验小组均提出了自己的假设，并通过实验来进行验证，最终圆满解决了这一问题。使学生在真刀真枪搞科学的过程中，学会了科学探究的方法，获取新知发展能力。

我们还教给学生记录与整理、思维和逻辑等科学研究的方法，使学生逐步养成从实际出发、实事求是分析问题的习惯，养成他们全面而不片面、联系而不孤立、发展而不静止地看问题的习惯，从而使学生学会良好的科学方法。

③关注探究过程，倡导科学精神科学素养的核心是科学精神。它是一个人在处事行事中所具有的一种精神气质，是一种执着的探索精神。有利于小学生形成科学的认知方式和科学的自然观，并将丰富他们的童年生活，发展他们的个性，开发他们的创造潜能。

科学精神只有在科学实践中才能真正养成。新课程标准指出"科学探究是科学学习的核心"，学科学的中心环节是探究。学生们应该在积极地参与科学探究的过程中逐渐对自然界有所认识。对从学生们所亲历的事物中产生的一些实际问题进行探究，是科学教学所要采取的主要做法。应该尽可能地提供机会让学生在他们力所能及的范围内从事科学探究。科学探究活动在科学学习中具有重要价值：通过"做科学"（即"科学探究"活动）来学科学，在这一过程中学生们就可以把科学知识与观察、推理和思维的技能结合起来，从而可以能动地获得对科学的理解。因此，在教学中我们尽可能给学生提供较多的活动方式和活动机会，使学生在科学实践中锻炼、学习和体验，使他们在实践中享受科学探索的乐趣，在实践中萌生科学精神。

科学精神就是实事求是的精神，我们让学生懂得对任何发现都应该问一下是真是假，可靠还是不可靠。所谓的"眼见为实"，也有它的局限性。例如太阳的东升西落现象恰恰是地球围绕太阳自西向东运动的反映。"实践是检验真理的唯一标准。"任何一个科学结论的产生都必须通过实践的检验，必须采取科学的方法。我们让学生懂得，只有按照科学方法设计的，在严格的科学检查和验证下进行的实验，才具有科学意义。

辩证的怀疑和批判意识是科学精神的内在要求。其实，书本上的东西和权威们的说法，都是在当时当地的客观情况下得出的结论。如果爱因斯坦不突破牛顿关于时间和空间的观念，就不可能提出相对论。敢于怀疑，善于怀疑，才会去钻研、去创新。所以，我们鼓励学生解放思想，大胆猜想，大胆向教师质疑问难，树立起肯疑、敢疑和善疑的优秀品质。

利用现代信息进行培养

21世纪人类已全面进入信息时代，并以计算机网络在人类社会生活中的全面深入运用为特征。网络化社会的交往超越了时间和空间的限制，使不同地域、甚至不同时代的人展开便捷的交往，网络又使全球的信息资源以多种不同的方式实现集约化共享，使人们便捷获取。这是人类历史上迄今为止所发生的最深刻的社会变革之一。因特网促进了科学探究中搜集整理信息、思考与讨论、表达与交流的作用。在进行"南极见闻"、"宝岛台湾"等地理课文的教学中，我们要充分发挥网络的作用，教师先从因特网上下载大量有关的信息，课堂上让学生从网络中通过查询、检索，使学生获取大量的信息、得到多种学习材料，同时也培养学生自主学习的能力；还可以把因特网中的学习资源作为分析、思考、探究、发现的对象，以帮助自己理解原理，并掌握分析和解决问题的步骤。学生之间也可以进行分组讨论，彼此之间进行交流，表述观点，对同学的学习结果进行分析、评价。也就是我们提出的"资源支持、问题发现、智慧共享、动手创造。"

总之，培养小学生的科学素养是全面实施素质教育的要求，是时代和民族发展、科学技术对未来人才素质的需要。小学常识课是培养学生科学素养的主阵地，在教学中，我们一定要采取多种有效措施，要积极普及现代科学知识、倡导科学方法、弘扬科学精神，大力提高学生的科学素养。

13. 在物理教学中培养学生科学素养

人的素质是多方面的，其中科学素质是很重要的一个方面，在当今科技发达的时代，只有具备了一定的科学素养，才能适应这个社会。培养公民的科学素养是中学物理教学的一个重要目的。使学生能够亲身体验物理规律的发现过程，有助于培养学生对未知事物的探究能力，培养科学的精神和态度，提高他们的科学素养水平。本文试图依托新课革，探讨在中学物理教学中培养学生科学素养的教学策略，以期对本人和广大一线教师有所启迪和帮助。文中首先对科学素养的相关理论进行了阐述，指出加强科学素养培养的现实意义，继而结合具体的物理教学，探讨了有效促进学生科学素养培养的教学策略。最后，又讨论了促进学生科学素养培养的辅助策略。

当代中学生作为未来社会发展的中坚力量,他们的科学素养水平的高低,将直接决定我国未来的发展和进步。中学物理教学的一个重要目的就是培养公民的科学素养,其中最为重要的就是对未知事物的探究能力和热情,即对待未知事物的科学态度和科学精神。

培养科学素养的主要内涵

人的素质是多方面的,其中科学素质是很重要的一个方面。它主要有以下四方面内涵:

(1)科学知识

知识是人们对自然和社会的认识结晶。它由许多科学用语、基本概念、基本原理、基本规律组成。它是人类世世代代积累和传递下来的宝贵遗产。知识在科学素养中起着基础和核心的作用。没有科学知识就根本不可能有科学能力。

(2)科学技能

技能是构成科学素养的第二种要素。科学能力是在一定的科学知识和技能的基础上形成和发展起来的。技能包括观察、实验、思维和创新等因素。这四个因素并不是孤立的,在科学探究的过程中共同作用的。

(3)科学方法

科学方法其实就是人们认识自然的方法。从方法论的高度看,方法要素主要包括数学方法和逻辑方法。学校在教学实践中应当重视对学生进行科学方法要素的培养。逻辑方法是指科学的思维必须合乎逻辑,并具有严密的逻辑性。逻辑方法可分为:比较与分类、类比、归纳与演绎、分析与综合、证实与证伪等。

(4)科学精神

精神是一种非智力因素。精神的要素主要包括兴趣、情感、意志、作风等。

兴趣是人们对事物的特殊认识倾向；情感是人们对客观事物态度的反映；意志是在科学活动中克服困难，不畏难险、向上攀登的心理特征；作风是科学研究取得成功的重要保障。

综上所述，科学素养是指人们在认识自然和应用科学知识的过程中表现出来的内禀特质。前者指人们对知识的识记、了解、理解和掌握；后者指人们应用科学知识的能力，以及发现新的自然规律的能力。因此，科学素养是人们能够认识自然和应用自然规律的特质。

教学中提高科学素养的途径

在物理教学中，培养中学生的科学素养是至关重要的，但良好的科学素养是不能靠外部的灌输得到的，而是在学生的学习活动中，在学生积累知识的过程中逐步获得的。即让孩子们充分体验科学探究、科学发现的过程，提出问题、猜想与假设、制定计划与设计实验、进行实验与收集证据、分析与论证、评估、交流与合作，发展孩子们探究解决问题的能力。基于以上教育理念，在实际教学过程中应从科学素养的几个因素的角度去培养学生：

（1）培养学生的科学态度和价值观

①科学精神的培养结合教学内容有意识地向学生介绍一些科学家在科学探索中所表现出的科学精神。使学生能从中受到激励和感染。如向学生生动地介绍物理学家爱迪生的时候，向学生讲述他为了寻找合适的白炽灯灯丝材料，选择了1600多种材料做试验，最后终于制成用碳化棉作灯丝的高真空白炽灯泡，使灯泡的使用寿命增强了100多倍。通过生动的例子，使学生懂得像他们这样在进行科学研究过程中所表现出来的精神，就是科学精神的典型体现。

科学精神也是实事求是的精神，我们应该让学生懂得我们要对任何发现都应该问一下是真是假，可靠还是不可靠。"实践是检验真理的唯一标准。"任何一个科学结论的产生都必须通过实践的检验，必须采取科学的方法。应该让学生懂得，只有按照科学方法设计的，在严格的科学检查和验证下进行的实践，并且要求在相同条件下实验必须可以重复进行，才具有科学意义。

②科学态度的培养科学态度的培养首先要求教师必须以身作则。教师在日常教学中要起示范作用，在演示时，教师应充满自信，神态自若，通过教师规范、熟练的操作，整洁、美观的演示，成为学生学习的榜样。教学活动中的一丝不苟，操作的严谨、规范，如实记录实践结果等良好的态度都时刻影响着学生。科学态度的培养还必须要对学生进行严格的训练，科学态度大多属于思想品质问题或称之科学道德问题，科学态度的培养的方式和途径是多方面、多层次的，其中在实践教学中对学生进行严格训练是十分重要的，教师必须对学生提出实践的整体性要求，主要从以下三个方面对学生进行严格训练：

第一课前做好充分的实践准备，每节课结束前的三分钟，教师布置和强调下一节课要准备好的实践材料、相关资料，以小组为单位，由组长负责收集协调好，课上用一两分钟的时间评估加分。

第二课堂上指导学生有条理按规程操作，操作时往往因仪器多，材料多，操作的步骤多，产生的现象多，学生不容易掌握整个操作的全过程。教师应事前明确指导学生先做什么，再做什么，必要时把实践全过程分解成若干个大的步骤，给学生有个清晰的思路，关键的步骤教师还可以再作分解，作必要的示范。教师示范时操作要规范，遵守操作规程，要求学生操作时也要遵守操作规程，强调规范化。这对安全或是对取得实践效果来说都很重要，对培养学生科学方法和科学态度也很必要。如实验中如何使泥衔接的更牢固等问题，教师都要具体指导。学生开始操作不好，甚至有失误，这是正

常的，只要教师耐心指导，遵循循序渐进原则进行，学生最终会按
教师要求有条理地进行实验。

第三课后的后续查证，针对课堂出现的问题和疑问，积极鼓励
学生课后，通过查阅相关的资料和进行有关的实验，继续探索和研
究。这种课后的自觉行动，对于学生科学态度的培养是很有裨益的。

③科学世界观、价值观的培养培养学生辩证唯物的世界观、价
值观，可以通过充分发掘教材中的内涵，我们应教育学生用辩证唯
物主义的观点看待世界，看待世界与人的关系，要教育学生相信科
学破除迷信，要让学生知道世界是可以认识的，懂得一切事物是按
自身的规律不断运动变化的，事物之间是相互联系相互影响的。

我们可以通过教材提供的各种具体的常见事物和现象，如花草
树木、鱼虫鸟兽、月相变化、物体运动、人际交往等等，使学生从
感性上认识各种事物和现象，不断积累感性经验。有了这些基础，
学生将来辩证唯物主义世界观、价值观的树立也就水到渠成了。

（2）提高学生学习科学的能力

我国长期以来中小学科学教育存在重知识、轻能力；重结果、
轻过程；重间接经验，轻亲身体验，使孩子动手操作能力和综合解
决问题能力不足。如何提高学生学习科学的能力，着重从以下三个
方面进行了探索。

①重视学生操作技能的形成掌握一定的操作技能，对于提高学
生学习科学的能力，是非常必要的。掌握了丰富的科学知识，可以
促进技能的提高，有了一定的技能，又能促进知识的获取。学生操
作技能的形成，在于平时的严格训练和运用。这一点我认为可以从
提高学生可操作性入手，增加学生动手实践的机会，注重操作的质
量和规范性，明确提出操作技能是陶艺学习很重要的一部分，操作
结束后进行评测。

②重视学生实践探究活动的经历过程探究既是科学学习的目标，又是科学学习的方式。让学生亲身经历以探究为主的学习活动是学生学习科学的重要途径，因此必须重视学生的探究过程。使学生在过程中体验，在过程中学习，在过程中发展。并让学生自己根据操作情况进行跟踪记录，对比每一种成型方法"有哪些相同之处""哪些不同之处"，"怎样条件"，"怎样的步骤"这些问题开展自行探究。

③实践活动中养成科学行为与习惯实践要求学生在探究学习的过程中，要善于与人合作，也就是要有团队意识和协作精神，这是科学行为与习惯要求中的重要内容。小组实践时，着重强调实践是大家共同来完成的，必须共同参与，一起观察研究，共同探讨得出结论。进行有关长期观察、记录的项目，也是培养科学行为与习惯的一个好方法。在这记录和观察的过程中，当他们发现了新现象、新情况时，心理都非常高兴，同时也进一步激发了他们的好奇心和探究欲望，学生的科学行为和习惯就在这良性循环中，不断地得到培养和提高。

总之，中学物理的教育应坚持面向全体儿童，着眼于全民科学素养的提高。培养中学生的科学素养是全面实施素质教育的要求，是时代和民族发展、科学技术对未来人才素质的需要。物理课和物理实践活动是培养学生科学素养的主阵地，在教学中，要采取多种有效措施，要积极普及现代科学知识、倡导科学方法、弘扬科学精神，大力提高学生的科学素养。

14. 在化学教学中培养学生科学素质

"只重传授化学知识和技术是片面的化学教育。全面的化学教育要求化学教学既传授知识和技术，更训练科学方法和思维，还培养科学精神和品德。"这段话指出了化学教学的正确方向，同时又简明地概括出科学素质的基本内容。怎样培养学生具有这些素质，结合中学化学教学的实际论述如下。

尽可能按照科学方法论组织教学过程

科学方法就是认识和研究自然界所遵循的过程和手段。主要包括五个步骤。

第一步是搜集事实，通过各种手段收集丰富的事实。事实是有关事物的感性知识，是产生理论的根源，又是检验理论的唯一标准。所以搜集事实这一步非常重要。"鸟的翅膀无论多么完善，如果不依靠空气的支持，就不能使鸟体上升。事实就是科学家的空气，没有事实，你们就永远不能飞腾起来，没有事实，你们的'理论'就是枉费心机。"我们必须用物质的性质和反应的基本事实来充实学生的头脑，通过说服和教育使学生认识到基本化学事实的重要性，乐于和善于记住它们。在丰富多彩的实验基础上搞好元素及其化合物的教学，是学好中学化学的坚实基础。

搜集事实的方法是观测和实验。所谓实验就是尽可能地排除外界的许多影响、突出主要因素，并且在能够细致地观察到各种现象之间相互关系的条件下，使某一事物（或过程）发生或重演。例如，化学反应速度是一个复杂的多变量函数，但在实验条件下可以控制只有一个变量改变，从而分别观测到温度、浓度、催化剂等对反应速度影响的规律。加强化学实验是教学优化的主要模式。因此，提高演示实验和学生实验的效果，变部分演示实验为并进式实验，设计少量探索性实验习题，逐步增加学生在实验室里的实验活动时间，是化学教学发展的一个方向。

第二步是提出假说，假说就是用已有的事实材料和科学原理为依据，对于未知的事实（包括现象之间的规律性联系、事物的存在或原因、未来事件的出现）的假定性的解释。假说具有解释性，它能对已掌握的有关事实作出统一的解释。假说可以是一个概念（如原子、层子）、一个判断（如微观粒子具有波粒二象性）、一个模型（如 DNA 双螺旋结构）、一个结构式（如苯的凯库勒式）或一个理论体系（如道尔顿原子假说）等。假说是所要建立的理论的预制品。它的作用是指导我们理解新情况、启发我们做新的实验，从而导致新的发现。

第三步是验证假说，即进一步搜集事实以检验其是否与假说符合，或由假说推演出结论再通过实验检验其是否符合。如果不符合，表示假说不真实，必须加以修正或废弃。如果符合，假说的真实性和可靠程度就增加一层或即成立。

第四步是理论概念，原理的体系，是系统化了的理性认识，是事物的本质、规律性的正确反映。从假说到理论虽只一步之差，有时却要经历数年、数十年甚至上百年。

第五步是继续发展，有必要让学生初步了解如何提出假说并进行验证，结合教材内容进行一些练习。

按照科学方法论组织教学过程，有思考、推理和实验验证，学生不是被灌输者，没有结构式是"从天上掉下来"的感觉，而在某种程度上是苯结构式发现过程的参与者。这种教学模式可以应用到其他有机物结构式的推演上，如果我们按照科学方法论来设计元素周期律的教学过程，那将会十分生动而在方法论上又富有启迪。

突出科学思维在教学过程中的地位

科学方法的每一步都离不开科学思维的作用。科学思维主要是逻辑思维，也有非逻辑思维。由实验观测搜集到的事实，在人脑中产生感性知识。这种知识只是对事物个体外表属性的认识，大多数是片面的、非本质的。要从丰富的感性知识中整理出规律来，就得借助逻辑思维。抽象思维揭示事物的全体和本质以及内在联系。它主要包括比较、分析和综合、抽象和概括、概念和判断以及推理等形式。

比较是一种用来确定事物相似之点和不同之点的逻辑方法。分析是人们在思维中分析事物，将它们的各个部分和性质划分出来的方法。相反，综合是在思维中把在分析时分解的事物的各个部分结合为一个整体的方法。分析和综合密切相关。抽象和概括是形成概念的思维过程和方法。抽象是抽取事物的本质属性，撇开非本质属性；概括则是把某些具有若干相同属性的事物中抽取出来的本质属性，推广到具有这些相同属性的一切事物，从而形成这类事物的普遍概念。概念是反映事物本质属性的思维形式。

例如，化学元素这个概念就是抽取了相同核电荷数（质子数）这个本质属性，而撇开原子的质量、结合形式和存在状态等非本质属性而成的。明确概念的内涵和外延是掌握和运用概念的前提。在有机化学中学生常写'脂'代'酯'，写'酯化'为'脂化'，可能是因为我们对脂、酯这两个概念的内涵及外延强调不够。酯的外延大于脂，前者是类概念，后者是种概念。

讲解概念时要突出抽象和概括的思维方法，明确内涵和外延。由概念进行判断而得规律。判断是对事物的情况有所断定的思维形式。推理则是由一个或几个已知判断推出未知判断的思维形式。主要的推理形式有类比、归纳和演绎等。类比是根据事物某些属性的类似，推出它们的其他属性也可能相似的间接推理，其结论有或然性。

科学史上有许多用类比法成功的事例。卢塞福的"原子核模型"就是其一，这是把原子看成"小太阳系"而跟太阳系类比：原子中央有一个带正电的核，电子围绕它在原子空间里运动，正像行星绕太阳旋转一样。归纳和演绎是更重要的推理形式。归纳是由特殊到一般。演绎则由一般到特殊。在认识过程中它们是相互联系相互补充的。演绎的理由来自对特殊事实的归纳和概括，归纳的结论又是演绎的前提。正是归纳法帮助我们超越观察到的事实，归纳法从大量个别的事例得出新的一般原理和规律。因此这种推理方法比较具有创造性。但归纳得出的结论真实与否要进一步验证。演绎法不可能导出新的概括，单独使用时不可能在科学上做出较大的进展。然而科学上的许多重大成就常是归纳与演绎并用的结果，门捷列夫元素周期律是一个突出的范例。

科学中常用的是不完全归纳法。它包括简易归纳法和科学归纳法。简易归纳法是由观察某类事物中，一些事物有某种属性，并且未发现与此相矛盾的情况，从而推出该类所有事物都有该属性的归纳推理。元素周期律的形成就是采用这种简易归纳法。化学中的定比定律、倍比定律、气体化合体积比定律和质量守恒定律等都是简易归纳法的结果。在教学中，有的教师做了一、两个实验就引出一个规律或定律，这违背了简易归纳法的要求。初中教材关于质量守恒定律这段内容写得很合逻辑："从上面两个实验都可以看出，反应前后天平两边都仍然是平衡的，说明反应前后物质的质量总和没有变化。无数的实验证明，……"请注意教材是在"无数的实验证明"之后才引出质量守恒定律的内容。凡是要用简易归纳法得出规律，我们不要忘掉加上"大量的实验表明"、"无数事实证明"这几个字。

另一种不完全归纳法是科学归纳法，是指由观察或实验分析某类事物中，一些事物所以具有某种属性的原因，然后推出该类所有事物都有该属性的推理。科学归纳法是用来判明事物因果关系的基本方法，使人们获得对于事物本质的认识，并以这种认识为基础作出概括性结论。其结论的可靠性取决于被考察事物的数量和对这些事物认识的深刻程度。科学归纳法在教学过程中有广泛的应用。

例如，有机化学讲醛类时，先讲乙醛性质，再讲甲醛性质，而后对甲醛、乙醛的化学性质进行比较，找出它们有共同化学性质的原因是都有醛基。接着对醛基的结构进微观分析，揭示醛基易发生氧化、能加成的内在原因，在这个基础上加以推广，概括出醛类的化学共性。这样组织教材内容，体现了科学归纳法的精神。可以做到让学生在掌握知识的过程中，也学会了使用科学方法和科学思维，从而提高了能力。对于无机化学中各个主族元素的教学都可采用这种组织方法：在丰富生动的实验基础上让学生归纳出元素性质，把两种元素讲得透彻些，进行对比并从结构上找出因果关系，从而推理出整族元素的共性和递变性。

以上所谈的是科学思维中常用的逻辑方法，科学思维也用非逻辑方法，即形象思维，它们主要是直觉、灵感和想象。形象思维在科学史上发挥过重大的作用，在现代科学研究中的地位更日趋重要。我们都很清楚培养学生具有丰富想象力的重要性和途径。由于篇幅关系本文就从略了。

为了培养和发展学生的思维能力，教师不仅要熟悉传统的思维方法，而且应该跟踪思维科学的新进展，如创造性思维方法、模糊逻辑等等。

抓住教学过程每个环节渗透科学态度教育

我们把科学精神和科学品德合起来称之为科学态度。我国经济和社会的发展需要大批各级各类合格的人才，"所有这些人才都应该有理想、有道德、有文化、有纪律、热爱社会主义祖国和社会主义事业，具有为国家富强和人民富裕而艰苦奋斗的献身精神，都应该不断追求新知，具有实事求是、独立思考、勇于创造的科学精神。"这段话里所提到的"追求新知"、"实事求是"、"独立思考"、"勇于创造"等就是科学态度的部分内容。科学态度是学生获得巩固的知识和技能的保证，科学态度有助于学生智力和能力的发展，科学态度也是现代社会公民必备的素质之一。

科学态度的具体内容和培养方法

（1）尊重事实、尊重科学

一切科学理论都以事实为依据，又受事实的检验，事实是科学的基础。所以尊重事实是最根本的科学态度。科学容不得半点虚假，因此弄虚作假、浮夸等行为都是反科学的。为了尊重事实，要求学生做到：

①不凭主观臆造、书写不存在的分子式和化学反应式；

②对于能够发生的化学反应，要注意反应物的状态（或浓度）温度等条件；

③真实地反映和记录实验现象及数据。当观察到的实验现象与课本的叙述不一致时，不能违背事实来复述课本中有关实验的描述。首先应该尊重事实，然后找出不一致的原因，必要时重新进行实验。在定量实验中观测数据与预期的不一致时不得拼凑数据。

（2）严肃认真、一丝不苟

科学方法的本质是实事求是。为了实事求是必须严肃认真、一丝不苟。要求学生做到：

①在化学实验中切实按照规范的动作进行操作，严格按照规定的剂量取用药品，按照规定控制反应条件。细致观察、及时记录，不放过稍纵即逝的实验现象。养成良好的实验习惯；

②不要进行任何未经许可的实验；

③对作业、考试题中的错误认真分析原因、加以改正。

（3）热爱科学、不畏劳苦

有成就的科学家大多有崇高的理想。或为人类幸福，或为国家民族利益，或为科学的发展，终身孜孜不倦，不畏劳苦，无私奉献。他们不追求钱财、虚荣和奢侈的生活。他们追求真理，以此为快乐和幸福。我们应该用他们这种伟大精神的光芒来照亮青年学生的心灵，培植年轻一代为科学为祖国的献身精神。

（4）谦虚谨慎、善于协作

科学知识浩如烟海，发展又无止境，而一人所知有限，一人所能更是有限。因此应该谦虚谨慎，勤奋好学。况且，当今科技飞速发展，各门科学又相互渗透，科学上重大课题常涉及许多学科，个人极难单独完成。需要一个科学家群体来承担。在这个群体中，每个人是某个专业的行家里手，对邻近学科又有足够的了解以便和别人沟通。他们必须相互尊重、和谐协作，才能完成科研任务。社会上许多工作也常常需要共事者通力协作才能办好。

可见，谦虚谨慎、乐于协作和善于协作，是未来科学工作者或现代社会劳动者之具备的一个科学素质。应该培养学生做到：虚心听取别人意见，吸取有益成分。在解习题的讨论中，学习别人的好方法充实自己。在日常的学习和化学实验中，互相讨论和研究，彼此进行配合，在各种活动中真诚合作。

（5）追求新知、勇于创新

追求新知是科技发展和将来的职业有流动性的需要。第二次世界大战后现代科技迅猛发展，使得生产技术、生产组织、劳动市场结构和劳动性质发生了急剧变化。这种变化加速了劳动的变化和职业的流动性。在这个背景下学校开始以终身教育为指导思想，注意发展学生的继续学习能力，以便将来走出校门以后继续不断地获取新知识。

追求新知在中学阶段表现为独立思考、勤学好问。不满足对化学现象的表面认识，要求追究现象的本质和规律性。有学生问：为什么合成纤维不吸收汗水？棉纤维吸水性为什么好？这是个很好的追寻现象本质的问题。讲到戊烷三种同分异构体的沸点，以支链最多的新戊烷沸点最低，有学生就问：熔点是否也是新戊烷最低？老师告诉他们新戊烷的熔点是三个异构体中最高的。因为熔点与对称性有关，新戊烷对称性最高。同时又给学生指出：熔点与分子结构的关系是科学中仍未充分理解的问题，仍须进一步探讨。结合教材向学生介绍一些尚未解决或需要研究的问题或许会激发学生追求新知的愿望。

科学的发展、社会的进步都是创新精神作用的结果。锐意进取、勇于探索、敢于破旧立新，不断用新方法解决旧问题等都是创新精神的表现。有的学生学了电化学保护的原理之后，拆下废电池的锌皮焊到铁管上来减缓锈蚀；北京有位中学生多年研究和改进电镀液配方终为一厂家所采用；德国有位中学生研究氯离子对于钢铁腐蚀速度的影响，其成果受到专家的赞扬。这些事例表明中学生不但有创新精神而且有创新能力。我们可用这样的事例来教育学生。

（6）关心社会、关心环境

这种态度要求我们培养学生关心科学的社会效果，关心当代社会面临的重大问题，关心如何保护人类的生存环境等。

要让学生认识科学技术和生产具有二重性。科学技术和生产的发展给人类带来巨大的物质财富，这是有利的一面。但是也带来许多弊端：环境污染、滥用化肥、滥用食品添加剂和造成温室效应等。尤其是环境污染严重地恶化了人类的生存空间。化学对此负有很大责任。造成污染的原因还有社会因素，例如有的生产部门不认真贯彻国家保护环境的法规，为了眼前利益不顾人民的健康和子孙的未来。不加节制地开采、消耗各种天然资源，如今我们面临着能源危机、水源危机、矿产资源危机等。滥伐森林，破坏热带雨林使大片土地沙漠化……因而，要对学生进行持续发展的教育，发展不能以牺牲环境作代价。并从自己做起，从日常生活做起：爱惜一切物资，节约用电，珍惜每一滴水……。相信科学技术和社会各部门通力协作，最终会使地球依然是我们美丽的家园。

第二章

学生热爱科学教育的故事推荐

1. 伟大的博物医学家李时珍

我们的祖国是一个伟大的文明古国。从古代，一直到 19 世纪以前，我国的科学文化，都是居于世界最前列的。

就医学而言，我国医药学已经有数千年的历史了，而且内容十分丰富。在近代西医还没有发展起来以前，中医是具有世界先进水平的。它向外传播，在世界上有着十分重大的影响。许多东方国家，像朝鲜、日本、越南、东南亚各国的古代医学，都明显地受到中医的影响。

在古代中医发展的过程中，出现过许许多多有名的、杰出的医学家，有的具有世界性的影响。

由于中医的理论体系独特，其他国家的文化与我国有很大差别，不易为外国人所理解。唯独中药学这门学问，其所研究的对象是自然界的动物、植物和矿物，其内容很容易为人们所接受。古代的中药学叫做本草学，研究的是自然界的各种事物，所以又称为博物学。

我国古代的博物学是世界闻名的。其中，明代的本草学家李时珍及其代表作《本草纲目》为世界科学界所推崇。英国的科技史学家李约瑟和鲁桂珍博士称李时珍为世界上"伟大的博物学家"，是博物学界的"无冕之王"。生物进化论奠基人达尔文曾引用李时珍著作的内容，并把它列入"古代中国百科全书"。李时珍被世界科学界认为是可以与哥白尼、伽利略等并列为科学界的伟人。

志在从医

李时珍是蕲州人，就是现在湖北省的蕲春县人。

他的父亲叫李言闻，又名李月池，是一名远近闻名的医生，家中常有不少病人来求诊。李言闻在平时常上山采药，李时珍小时候也经常跟随父亲去采药，抓蚂蚱、蝴蝶，玩玩花草。

李言闻也很有学问，他不但收藏许多医药方面的书，还收集一些古代的经书。不仅如此，他自己还有著述，他的著作有《艾叶传》、《人参传》、《四诊发明》等等。

生活在这样一个环境中，李时珍从小就受到医药的熏陶。他同情那些被病魔折磨的患者，喜欢那些芳香的药草味，对做一个医生十分向往。当他看到患者经他父亲调治痊愈以后，自己心中有说不出的欣慰和羡慕。他渴望自己将来也能做一个济世救人的医生。

可是，李言闻却不这么想。他盼望李时珍能步入官场，为自己的家庭争得荣誉，所以从小就督促李时珍读书。儒家的"四书"、"五经"是必读的，有些还要求背诵烂熟。当时社会上实行的是科举制度，就是通过考试，选择其中统治阶级认为优秀的人去做官。

尽管李时珍的志趣不在官场，而是在医药这门学问上，但他当时还很小，只是个刚刚懂事的孩子，他还不敢与父亲的命令拗抗，硬着头皮读下儒家那些经典著作。他天资聪颖，虽觉乏味，却也都记了下来，并且能灵活运用。

13岁那年，父亲带他到黄州参加考试，果然一试命中，得了个"秀才"。父亲十分高兴，更加起劲地督促他深入读书。可是李时珍却愈觉厌烦，也无心再深造了。他16～19岁曾两次到武昌参加中级水平的考试，都失败了。

就在这个时候，李时珍也得了骨蒸劳热病，发烧、咳嗽不止，人也日渐消瘦。他苦苦哀求父亲，不要再迫他读那些枯燥的八股文了，他愿做一名继承父业的医生。

父亲看到这般情景，也不忍心再迫逼他，只好答应他的要求。他一方面用自己高超的医术，亲自为儿子调理，一面安慰他。李时珍心情也逐渐开朗起来，不多久，病也痊愈了。

经过这一番曲折的经历，李时珍开始步入医药职业的行列了。

读书、实践与著书

自从得到父亲的谅解和同意之后，李时珍的心情就一天天好起来。他不喜欢四书五经，并不是不爱读书，而主要是那时候的读书目的不明确，觉得没有"奔头"。

现在，为了当一名为病人解除疾苦的医生，他拼命的读起书来了。他不但复习了以前读过的四书、五经，还广泛涉猎其他能看到的书，其中包括小说、稀奇古怪的故事、寓言等等。与此同时，他也开始脱离只是帮父亲抄抄方子的阶段，而进入独立处理病人的阶段。每当他有不够了解或无法解决的难题时，他才去向父亲讨教。每当他自己治好一个病人时，他心中那种宽慰的心情，就更无法形容了。

不过，随着时间的推移，李时珍的兴趣开始发生了变化。小时候因与父亲上山采药，所以对大自然的一草一木，一山一水，一虫一兽，他都感兴趣。但他对治疗病人所用的药物，比对疾病的兴趣更浓一些。为了满足自己这方面的兴趣和志愿，李时珍开始阅读古代那些专门论述自然界各种事物的书籍，像《山海经》、《尔雅》等，都是他阅读的重点。有些专门论述自然界花草虫兽的书，像《竹谱》、《香谱》、《菊谱》、《兽经》、《龟论》等等，以至于历史书、地方志、小说、炼丹书、药方书、笔记、传记、博物志……他都感兴趣。换句话说，只要他能看到的书，他就要拿来看。他还边看，边摘录，边做笔记和写心得。

就这样，他在家中关门读书达十年之久，据说连大门也不出。他十年内读书多达800种。这个数字现在看来不算太多，但在四五百年前的明代，是一个很了不起的数字。他在27岁那年，还以医术高明，被推荐入朝，在北京当上了太医。这对他自己来说，倒不是什么值得引以为自豪的事，但他自己倒觉得这是读书的好机会。这是因为，在当时那种条件下，有许多宝贵的好书，在民间根本看不到，只有在朝廷的藏书处才能看到。李时珍正是利用这个机会，收集到许多十分宝贵的医药资料的。

李时珍知道，书本上的知识是前人的亲身经历所记载下来的十分宝贵的资料，但他自己也觉得这些资料可能会存在不少不正确、甚至是错误的东西。例如，梁代陶弘景的《本草经集注》"亦多谬误"，唐代的《新修本草》"亦多驳误"，而宋代唐慎微著的《证类本草》也常常"草木不分，虫鱼互混"。他还举出一些例子，如他指出书中把"萎蕤"和"女萎"混为一种药物，其实前者是草本，后者却是藤本植物；而前者是补益性的药，后者却是排浓、消肿的解毒药。更为严重的是把有毒的钩吻误当成能补益身体的黄精。这些都是严重的错误。

李时珍深深知道，医药是人命关天的大事，如稍一不慎，用错了药，那就会是害人而不是救人，这种事是医生所绝对不许可出现的。神圣的责任感，促使李时珍立下志愿，要重修一本新的本草书，也就是中药学著作。

在李时珍以前，历代的本草学著作，重要的就有四五十种。他为了超过前人，除深入钻研前人的本草书和参考其他各类著作以外，还重视实践，用亲身经历的第一手资料来补充前人的不足，纠正前人的错误，发挥自己的新知。

在广泛阅读前人著作的基础上，他决定到自然界去，做实地调查，亲自实践。他除了在自己家乡各地巡游学习、为人治病以外，还不辞辛苦，跋涉万里，足迹踏遍几乎大半个中国，包括河北、江苏、湖南、安徽、河南等地。通过实地考察，获得了可贵的第一手资料，这就大大增加了写作的科学性。

李时珍就是这样，前后用了近 30 年的时间，读书、实践、实地考察，最后投入著作。他把自己的著作取名《本草纲目》，全书 52 卷，190 万字左右，书中共收药 1892 种，其中 374 种是前人没有提到过，由他新增加入本草书的。书中还绘有药物图 1000 多幅，治病验方 10000 多个。

由于书的篇幅过大，刊刻出版困难，直到他去世以后 3 年才得以出版。

实事求是的科学精神

为了研究每一种药物的效用，使读者能得到正确的知识，并在临床时准确地应用这些药，李时珍除了大量查阅前人已取得的成就并加以利用外，他还对自己认为尚未研究清楚，或还存在疑问的地方，都认真负责地进行调查、研究、分析，最后才得出应有的结论。

为了证实鱼类有发声的功能，他特地到海边向渔夫请教学习，终于获得了这方面的知识：渔人们总是认真倾听水中的声音，如果声音如雷声轰隆隆，这就是石首鱼群来了；如果水中发出轧轧声，那是黄颡鱼群的声音。

为了证实猎人捕蛇的方法，并看看白花蛇身上的花纹的结构，他特地去拜访猎人，并与猎人一同去捕蛇。他看到猎人在石南藤下面铺上沙堆，等白花蛇爬过来盘在沙堆上，便用叉子把蛇捕住。他亲自把蛇翻来覆去地看了一遍，证实这种蛇身上的确有 24 块方格的花纹。

古代有一本书叫《诗经》，在描写一种细腰蜂的生活时，写下这样的诗句："螟蛉有子，蜾蠃负之，教诲尔子，式穀似之。"这首诗说的是一种细腰蜂（蜾蠃），又叫做蒲芦，自己不会繁殖后代，它总是到螟蛉这种昆虫的窠里，把螟蛉子衔到自己的巢里，并且会念念有词，不久就把螟蛉都变成自己的后代，变成小蜂，用这种方式来繁殖后代的。

　　这段诗经故事，历代有许多争论：一种意见认为《诗经》所说的就是事实；另一种认为这是错误的，螟蛉不可能变成细腰蜂。在历代本草学家中，也有这两种意见在争论。梁代的陶弘景主张后一种意见，而宋代的苏颂则是前一派的拥护者。作为一个本草学家，如何解决这个争端，证实和判断哪一种意见是对的，李时珍采取认真的态度，亲自到细腰蜂的蜂巢里去解剖，打开蜂巢。他发现：在蜂巢里，有很小的小蜂，它们把螟蛉虫咬住、撕碎，并且把虫子咽下去。原来，它们是在吃虫子，把虫子作为自己的粮食。李时珍说：我"屡破其房"，也就是不止一次地破开蜂房，来证实细腰蜂自身具有繁殖后代的能力，从而否定了《诗经》的说法。而古代把那些自己没有孩子的人，向别人要个孩子抚养的义子，称为"螟蛉子"的说法，当然也是基于错误的认识的。

　　为了证实铅对人体是有毒的，李时珍曾亲自到铅矿井，与工人一起下井采矿。他还看到采矿工下井以前，总是先吃许多肥肉、狗肉，并喝一些酒，然后才下井去采矿。矿工说：如果空着肚子下井，必然会中铅气的毒，日久就浑身瘫痪，面色发黄，贫血而死亡。李时珍把亲自见到的情况记了下来。

　　像这样的记载，《本草纲目》多不胜数。过去好多本草学家都没有这样认真负责的精神，所以不是记得不确切，就是缺乏记载。李时珍在这方面大大超过了前代的本草学家。他记载了矿工常发生汞中毒，煤矿工人发生煤气中毒的症状都十分确切，这些在我国是最早的记载。

　　然而，一部载药1892种的大部头的本草书，一个人是不可能样样都亲自去实践和试验其功效的，更何况其中还有不少是域外、异国的物产，更无法去一一检验。对于这类问题，李时珍只好如实地加以记录，并提出个人的见解和建议。

如有一种药叫麻勃，古书上说凡患疔疮的人忌见到这种麻勃，如见了就会死去。李时珍对此表示怀疑。他说，不知为什么这种病人不能见麻勃，这是"理不可晓"。

古书上记载两种植物，一种叫白龙须，一种叫万缠草。这究竟是些什么东西，李时珍自己根本弄不清，他知道这是古人有时故意给植物起的暗语，所以他说："二树名皆隐语，无从考证。"他不敢随便乱猜，不懂装懂。

还有一种奇怪的说法，说金刚石是"鹰隼"把沙子吃进肚子后，然后由粪中排出，在河北的沙碛石间变化而成的；还有一种叫"撒八儿"的东西，是玳瑁这种动物遗精在水中，被蛟鱼所吞食，经过多年才结成的……对这些稀奇古怪的东西，多数都是外国传过来的说法，是无法肯定其真假的，李时珍只好说，这些事"无所征询"，但对它也不敢随随便便就加以否定，只好说"理外之事，容或有之"，也未可知，只好留待以后搞博物学的人进一步证实，再加以肯定或否定了。

李时珍这种实事求是的精神，表现出一个自然科学家所应具备的高贵品质，很值得我们大家学习的。他的著作之所以有很高的科学价值，为人们所推崇，这也是其中的一条理由。

为科学而献身的勇气

从事自然科学研究，需要亲身实践，进行科学研究，才能取得第一手资料。在某些学科，亲身的实践有时是需要冒一定的风险的。例如搞化学试验，有时会起火、爆炸等等，没有牺牲精神和勇气，是不可能取得真知灼见的。

对一个本草学家来说，同样存在这样的问题。

李时珍曾经说过，要取得正确的知识，需要亲自实践，绝不能道听途说。例如有一种药叫蛇床，对男人、妇女都有补益作用，而且是比较普通易得之药，但一般群众不愿用它，而随便听人介绍，舍近求远另用它药。李时珍批评这种做法是"贱目贵耳"，就是只相信别人的话，而不相信自己亲眼所见。历代对它也有很多说法，他引述了历代所说的藻、莙、金莲等不同说法，指出古代之所以这样众说纷纭，没有一定说法，是因为他们"惟据纸上猜度而已"，这种主观的猜度根本要不得，也是解决不了问题的。李时珍解决这种纷争的办法，是亲自去实践，"一一采视，颇得其真"，通过对每一种植物的采集，加以比较，才得到真实的结论。他对于那种胡乱猜度、道听途说的做法，痛加批判，认为那种做法，不足以效法，"殊无指归"。

有些药物的作用，需要亲身去实践，如他对鲮鲤（即穿山甲），曾经自己做过解剖，以观察它是否真的是以蚂蚁为食，结果发现这种动物胃中果然是充满了蚂蚁。他就是用这种亲眼所见、亲手所做来加以检验的，所以他的著作具有很高的科学性，道理就在这里。

更为可贵的是李时珍还以自己的身体去检验某些药物的药理作用。这是需要有献身科学的精神才能做得到的。

有一种叫罗勒子的药物，据记载可以把眼睛中的异物移去，其功效究竟如何呢？是真是假，李时珍决定做试验。他先用一个碗，碗中放些水，把罗勒子放在碗中，不多一会儿，罗勒子即吸水膨大，形成一层膜，这就说明了它在眼中也能把眼泪吸收起来，这层膜就会吸住异物，所以它确有这种作用。后来他还用自己的眼睛做了试验，效果的确不错。

李时珍的献身精神还不止此。用药试眼，最多眼睛受病。他还曾试验一种药理作用极剧烈的曼陀罗花。曼陀罗花具有麻醉作用，饮用后有如酒醉，可以用来做麻醉药，开刀做手术，都没有问题。

古书上曾经说过，曼陀罗花汤喝下去以后，人就会感到像酒醉一样，不由自主地又笑又闹，手舞足蹈。究竟是不是这样，要喝多少才能达到麻醉的程度呢？当时没有现成的经验可循，只有自己亲身试验，才能知道多少药量合适。麻醉药有一个特点，就是麻醉用量与中毒用量常常相差不多，也许就是一滴之差，多一滴即可使人中毒，而少一滴即有麻醉作用。李时珍深知，这个试验不能在病人身上试验。病人有病，已经很痛苦，身体也弱，不能再经受折腾，他决心自己亲自饮药试验。

他是知道用药的危险性的，但为了把药量药性搞清楚，"不入虎穴，焉得虎子"，他亲自试验了。药量一点一点地加，他自己也以身体的感受来判断用药量，最后，他终于弄清了这种药的用量，要达到"半酣"，也就是半醉的状态，人就会不自觉地手舞足蹈，欢笑而不自主。

李时珍成功了，他用自己的身体，把这种麻醉药的用量弄清楚了。

伟大的科学成就

李时珍学问渊博，对博物学有深入的研究，其中有许多成就是具有世界水平的。

就《本草纲目》中对药物的分类来说，在当时是具有世界先进水平的。中药的分类最早是汉代《神农本草经》的三品分类法，就是把药物分成补养作用（无毒）、治疗兼补养作用及治疗作用（有毒）三类，叫上、中、下三品。这些方法比较原始，也比较笼统。到梁代的《神农本草经集注》，就改成按药物自然属性把药分成七类，即玉石、草木、虫兽、果、菜、米食、有名未用等，这就比以前进了一步。生物学家发展史表明，分类的情况在一定程度上代表着该学科的水平。经过近千年的进步，李时珍在药物分类学上取得了极大的进展。他把 1892 种药分成 16 部 62 类。就植物而言，他把 1195 种药分成 5 部 30 类，其中包括草部（分山草、芳草、隰草、毒草、蔓草、水草、石草、苔、杂草）、谷部（分麻麦稻、稷粟、菽豆、造酿）、菜部（分荤辛、柔滑、水菜）、果部（分五果，山果、夷果、味果、水果）、木部（分香木、乔木、灌木、寓木、苞木、杂木）等。植物的分类法，在《本草纲目》表现出相当高的科学性，例如他已经把桔梗科的沙参、桔梗编排在一起；把伞形科的柴胡、防风、独活排在一起；把姜科的高良姜、豆蔻、白豆蔻、缩砂密、盖智子排在一起；还把菊科的菊、野菊、蓍、艾、千年艾、茵陈蒿、青蒿、黄花蒿、百蒿排在一起；把蓼科的蓼、水蓼、马蓼、荭草、毛蓼排在一起。这样的排列法，说明李时珍已经对植物的自然分类法有较深入的了解，有较高的科学水平。国际科学史界有人把他的这种科学分类法，与 18 世纪植物分类学家林奈的分类法，也就是现在通用的拉丁双名分类法相提并论。虽然林奈的分类命名比较科学，但林奈最初的分类，仅仅有 12 页的《自然系统》，还不如《本草纲目》高明，而且比李时珍晚了 140 多年。

最值得提出的是，李时珍在动物分类学及遗传学方面的成就。在《本草纲目》中，李时珍共记载动物药 444 种，占全部药物的 23.4%。他把这些动物药分成虫、鳞、介、禽、兽和人这几部。为什么要这样分，必然有一个主导思想。李时珍对这个分类法，有他自己的原则，认为这是"由微至巨，从贱至贵"。微与巨，可能是指动物机体体积的大小，从小小昆虫，直至哺乳动物等巨大的兽类。这里的贱与贵最值得注意，它并不是指动物的经济价值的贵贱，也不是人们思想中关于贵与贱的含义。

大家都知道，在封建社会里，龙与凤在人们思想中是至贵的生物，皇帝自比为真龙天子，要穿龙袍，睡龙床；而皇后则比为凤凰，这样才能龙凤匹配。旧小说还认为龙是一种神物，能呵气成云，甚至呼风唤雨。如果是用这个意义上的贵贱而言，则龙、凤应当排列在诸动物的榜首，但实际上《本草纲目》把龙列在鳞类，而比龙应该说低一等的凤，书中把它列为禽类。

再看看猩猩，当时认为猩猩只是一种与鹦鹉相仿，只会学舌的动物。但李时珍却把它列入兽类，而且是兽类中最高的寓怪类。至于人本身呢，李时珍把人列在动物中最高的一级，专立"人"一部。

由此看来，他所说的"贵贱"另有所指，不是指动物的经济价值，也不是指人们思想中所认识的贵贱。那又是指什么呢？

我们具体看一下各类中都有什么动物。虫类都是一些微小的昆虫，鳞则是鱼类，介类中有爬行动物，也有两栖动物。禽类则是指飞禽包括鸡、鸭、鸟等等，兽类几乎都是哺乳动物，最后是万物之灵的人类。

由此看来，李时珍所说的贵与贱，是指动物在智力进化及生物高低方面的贵贱。他排列的这个顺序，与达尔文生物进化论中关于动物进化顺序的排列几乎不谋而合，除了具体到每一种动物，可能有归类不当之处外，从总体上说，李时珍的排列正好符合生物进化的顺序。

由此，人们可以得出这样的结论，李时珍在动物学的研究上，已经具有了生物进化的思想了，至少已有了生物进化思想的萌芽。李时珍较达尔文早二三百年，他的这种思想在生物学上是非常先进的。

李时珍还对生物环境的适应，有相当深刻的认识。他十分重视环境对生物，尤其对动物的影响。如地域、气候对生物的影响，他早就注意到了。如说天方国的罂粟花到 7～8 月以后，其皮还是青色的，他指出这是地域方土差异的结果。他指出百谷在中国九州内，其性质都不一样。而鱼类的颜色及其习性，生活在清水和浊水、流水和止水的都不一样。

有些动物为适应环境，其身体的结构与环境有密切关系。比如生活在山中的鸟类的尾巴长而鸟喙短，而生活在水上的禽类则相反，尾巴短而其喙长。鱼的鳞与水波粼粼是相适应的，他甚至说鱼的鳞就是这样起的名字，也就是清澈的水中，块块小石清晰可见的意思；又指出鸟类因为栖息在树林里，因此，它们的羽毛就与树叶片片相似；兽类身上披着的是毛皮，这是因为兽类动物都穴居山中，所以这些毛都与草相像。这些都是动物与环境相适应的结果。他把这种现象概括地说成是"毛协四时，色合五方"，也就是动物的外态形色，都与时间，地域的变化不同相适应。

对于生物的遗传现象，李时珍也已经有所认识。我们经常碰到这种情况，有些人才 20 多岁，头发已经布满银丝，满头花白了，我们称之为"少白头"。有些人说这是未老先衰，也有的说这是用脑过度，说法不一。其实，对这种现象李时珍早就有了解释。他说一个人的头发变白，有迟有早，有的老了才白，有的少年就白了，这些现象与人的寿命长短没有关系，而是由于"祖传及随事感应而已"。这里，他已经涉及了白发发生的两个因素：一个是"祖传"，也就是先辈传下来的因素，我们现在称之为遗传因素；二是"随事感应"，也就是与人的精神活动有关。李时珍的这个观点也是相当全面而正确的，在遗传学发展史上有着重要的地位。

就医学而言，他的主要贡献当然是在本草学方面，但他本人又是一位高明的医生，他对中医的脉诊特别有研究，著有《濒湖脉学》一书，具有世界性的影响。

此外，李时珍在天文、地质、矿冶、化学等等方面，也都有不少成就。

深远的影响

李时珍的本草学著作面世以后，一直受到人们的重视，不仅在国内如此，在国外同样影响深远。

《本草纲目》自 16 世纪问世以后，历代对它进行过深入的研究。像这样一部将近 200 万字的巨著，就是在现代，要翻印起来也并不容易。但是，就在这将近 400 年间，人们对它的翻刻次数，包括现代用活铅字排版的印刷，竟多达近 60 次！其重要性可以不用再多费笔墨了。

近代以来，人们以现代科学，包括现代医学的眼光，研究李时珍的科学思想、工作方法、生平事迹、医疗成就，甚至他的文学修养等等，研究《本草纲目》中博物学，包括现代自然科学的各个学科的成就的学术论文，数以百计，研究专著也源源不断。李时珍已经成为我国古代自然科学家的杰出代表。

在国外，他的影响也是相当大的。生物进化论的奠基人达尔文（1809～1883）在他研究和创立进化论的过程中，曾经引用过李时珍在生物学方面的成就。如他在《人类的由来》这本著作中曾经引用过一段关于金鱼颜色的形成的材料，指出其颜色是由于人工细心的培养而引起的突然变异，指出这种动物在中国很早就被人们细心地培养着，认为宋代就已开始培养了。这一材料就是从《本草纲目》中引用过来的。达尔文曾经提到他所引用的是"古代中国百科全书"，指的就是《本草纲目》而言。

《本草纲目》很早就传到国外，被日本、德国、欧美的学者进行研究、翻译。这样大的部头巨著，其中还有不少中医特殊的名词术语，要译成外文，是有相当大的困难的。

至今，《本草纲目》已经被全文或部分译成英文、日文、德文、朝鲜文、拉丁文、法文等等译本。此外，《濒湖脉学》也已经有了德文的译本。

李时珍已经成为我国古代科学家的杰出代表，与世界科学名人罗蒙诺索夫、达尔文、哥白尼等相并列。

2. 关心国计民生的科学家宋应星

在 17 世纪上半叶，全世界只有极少数几个国家刚刚摆脱封建制而进入资本主义时代。当时的中国正处在封建社会后期，在商品经济不断发展的基础上，也已具备了资本主义萌芽的条件。就在这样的历史条件下，明末杰出的科学家宋应星编写了一部百科全书式的科技文献——《天工开物》。这部著作告诉我们：我国古代劳动人民在长期的生产斗争中，作出了多么可贵的创造，积累了多么丰富的经验；许多生产工艺达到了很高的水平，有的在当时的世界中是居于先进地位的。《天工开物》已经译成日、英、法等多种文字而传遍世界。国外科技界，有的称誉宋应星为"中国的狄德罗"（法国资产阶级革命时期重要文献《百科全书》的主编），有的称《天工开物》为古代"中国技术的百科全书"。可以说，宋应星及其名著《天工开物》，不仅在中国的、而且在世界的古代科学技术发展史上，都占有一定的地位。

宋应星生平

宋应星，字长庚，明朝万历十五年（1587）出生在江西南昌府奉新县北乡瓦溪牌村。他的曾祖父宋景，曾任南京光禄寺卿、工部尚书等高官。明朝从南京迁都北京后，在南京仍保留一套中央官署；光禄寺卿是掌管宫廷膳食的光禄寺的长官，工部尚书是掌管各项工程事务的工部的长官。宋景第三子宋承庆是县学廪膳生。当时读书人考进了府州县官学的，统称生员，别称庠生（古时称学校为庠）、秀才。其中由官府提供膳食津贴的叫廪膳生员。宋承庆 26 岁上就死了，留下一个儿子宋国霖。宋国霖在科举道路上失意一生，至死还是个庠生，他就是宋应星的父亲。宋应星的生母魏氏，原是奉新一个农家女子，因为家里穷，嫁给宋国霖为妾（小妻）。宋家原来颇为富裕，后来遭了大火，家境就中落了。宋应星就出生在这样一个衰落中的封建士大夫家庭，他在弟兄四人中排行第三。

宋应星小时在他父亲的管教下识字读书，稍大一些，跟比他大十岁的胞兄宋应升一起，在叔祖父办的私塾里读了八年书。他勤奋好学，除了熟读"四书"、"五经"这些儒家经典以完成科举考试所必需的课业外，还阅读《左传》、《国语》、《史记》等各种史书，以及诸子百家、语言文学、自然地理、农业工艺等各方面的书籍，从而丰富了知识面，使自己不同于那些死啃八股文章的书呆子。

宋应星刚满 18 岁时，四兄弟就分家各自生活了。他父亲不是官，家境又中落了，尤其因为他是庶子——小妻所生的儿子，这种身份在封建社会里容易遭到流俗的歧视。在这种环境下，宋应星渐渐地养成了"僻心违俗"，孤僻而不肯随俗浮沉的性格。他不愿阿谀尊贵和谄媚名流，而喜欢结交为人清正耿直、不甘与流俗为伍、勤于著述以及爱好藏书、刻书等等那样的人士，其中包括和尚、道士等所谓"方外"之交。

在当时，知识分子大都以参加科举考试为出路，宋应星也是如此。明代时，生员参加每三年一次在省会举行的乡试，考中的称举人；举人参加每三年一次（乡试的次年）在京师举行的会试，考中的再经过殿试，称进士，头名进士就是状元。万历四十三年（1615），宋应星和他的大哥宋应升一起参加江西省乡试，两人同榜考中举人，宋应星名列第三。同年冬，他俩兴致勃勃地离开家乡，来到京师北京，于次年参加会试，结果没有考中。事后得知，这次考试有严重舞弊行为，状元的考卷竟是别人代作的。这样的事怎不令人气愤！宋应星想到祖父和父亲在科举道路上消磨青春的辛酸遭遇，功名心不由得冷淡下来。他回到家里，很感慨地把自己的书房命名为"家食之间堂"，意思是：宁愿在家吃普通百姓的饭，不追求做官吃俸禄。此后，他虽然还和大哥一道参加过几次会试，但历试未中，于是愈来愈把精力用于游历考察，通过实际见闻，把各地农业和手工业的生产技术和经验，点点滴滴地记录下来，为编写一部科技专著作准备。

崇祯四年（1631）的会试，宋应星没有参加。他大哥宋应升这一回是第六次应试不中，就在北京等候选官（会试不中的举人可以候选官员），结果被派为浙江桐乡县知县。崇祯七年（1634），宋应星已经47岁了，大概由于家庭生计等原因，他到本省袁州府的分宜县，任县学教谕。教谕是县学教官，级别很低，月俸只有二石米钱，是当时一般士大夫鄙薄的所谓冷官。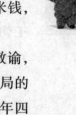

当冷官有个好处，就是事少闲暇多。所以宋应星当了四年教谕，能专心致志地从事著作。崇祯九年（1636），他写了议论当时政局的《野议》，并把另一部著作《画音归正》交给友人刊印。崇祯十年四月，完成了准备已久的科技专著《天工开物》，同年六月、七月，先后写了《论气第八种》和《谈天第九种》，都是关于自然学说的著作。

崇祯十一年（1638），宋应星升任福建汀州府（府治在今长汀县）推官——掌管刑狱审判的官员。推官，当然是根据封建王朝的法律办事的。不过，宋应星为官清廉，比较关心民间疾苦，所以名声很好，州里不少老百姓的家里还挂了他的画像以示敬仰。崇祯十三年（1640），上司责备他没有全力镇压"海盗"，他一气之下，就卸任回家。

宋应星在家乡住了三年，平日以诗文自娱，流传下来的有《思怜诗》一卷。就在这几年，李自成、张献忠领导的农民大起义正在猛烈地发展着，各地农民纷纷响应。崇祯十六年（1643），奉新县就有一支以木工李肃十为首的农民队伍起来反抗官府。宋应星在一般情况下是同情穷苦人民的，但当人民起来造反，在他的家乡点燃了起义烈火时，他为维护地主阶级的统治地位，终于直接参与了当地官府豪绅镇压起义的罪恶活动。李肃十率领的起义队伍很快就被镇压下去了。宋应星因此受到官府的保荐，于这年七月任亳州（今安徽亳县）知州，知州是州的行政长官。亳州一度被李自成起义军攻占过，这时虽然仍归明政府管治，但明王朝在农民大起义的沉重打击和清兵的进攻下，就像一艘漂荡在大海中的破船，即将覆没了。

　　崇祯十七年（1644）三月，李自成率领农民军打进北京，推翻了明朝中央政权。不久，农民军失利，清军于五月间进占北京。清王朝终于继明王朝之后，成为统治全国的新王朝。明朝几个藩王曾在南方建立过小朝廷，历史上称为南明，到清顺治十八年（1661）也最后覆亡。宋应星在清兵入关后就弃官回家。此后，他的胞兄宋应升和其他一些亲友，在南方参加过抗清活动。据宋应星一个族侄为他写的传记，他曾任滁和道和南瑞兵巡道。而这应该是他在南明政权担任的官职，可见他也投入过抗清斗争。他在抗清失败后的归宿，缺乏记载，传说他晚年云游四方，不知所终；有的书上说他可能卒于顺治康熙之交。有关宋应星生平的历史资料极少，解放后发现了他的《野议》、《思怜诗》、《论气》、《谈天》四种著作，从而提供了了解他的政治思想和自然学说的新材料。

　　《天工开物》的写作思想

　　宋应星在《天工开物》中感慨地写道：富贵人家的纨绔子弟把劳动人民看作罪犯，读死书的经生则把"农夫"一词当作骂人的话

78

语；人们餐餐吃饭，"知其味而忘其源者众矣"。又说：那些王孙帝子，生长深宫，虽然御厨饭香，宫衣锦绣，却没有见过农具和织机。对这些人来说，打开《天工开物》的图卷看看，是能使他们长些见识的。他在序言之末愤激地挥笔直书：请热衷于仕途的"大业文人"们把这本书扔在一边吧，"此书于功名进取毫不相关也"。

不是为了功名利禄，而是出于关心国计民生，出于重视社会生产和商品经济的发展，重视农业和手工业的应用技术，宋应星才从事编写《天工开物》这部巨著。

宋应星重视社会生产和商品经济的发展，重视人的劳动技能和生产工具，这是进步的观点。宋应星具有这样的观点，又进行了长期的实地考察和研究工作，终于写出了《天工开物》这部不朽之作。

《天工开物》的各卷内容

"天工开物"一语是什么意思呢？"天工"一词最早见于先秦古籍《尚书》；"开物"一词源出另一先秦古籍《易经·系辞上》。天工指的自然力，开物则指的人工。在宋应星看来，包括天地万物在内的整个自然界，是靠自身的运动变化（所谓"天工"）形成的。但是"人工"往往"巧夺天工"，有许多先进的发明创造。《天工开物》一书就论述了劳动者"巧夺天工"的技艺。总的来说，在人类社会中，是由于"天工"和"人工"的共同作用，才创造出万物。"天工开物"的意思就是"自然和人工共同开创万物"。

《天工开物》广泛地总结了我国古代主要是明代的农业和手工业的技术成就，内容充实，文字简洁，插图生动，别有风格，不愧为我国古代一部百科全书式的杰出的农艺学和工艺学的文献。全书分上中下三部，再依不同生产部门，编列十八卷；各卷标题多引用古书中词句，大概是表明该项生产古已有之。现将各卷内容简介如下：

第一卷"乃粒"：指谷物粮食。《尚书》有"烝民乃粒"句，指民众粮食。本卷记述稻、麦、粱、粟（小米）、胡麻（芝麻）和菽（豆类）等各种作物的种植技术、农具以及灌溉机械的使用方法。

第二卷"乃服"：指衣服。古代蒙学始本《千字文》有"乃服衣裳"一语。本卷介绍养蚕、缫丝、棉和麻的栽培以及纺织的技术，附有各种纺织机械的构造和操作技术。

第三卷"彰施"：指染色。《尚书》有"以五采彰施于五色作服"一语。本卷记述了二十四种颜色的质料、七种染料植物的种植和染色的方法。

第四卷"粹精"：指谷物加工，取得谷物中纯粹、精华的部分。本卷介绍稻、麦、黍（糜子）、稷（黍的一种）、小米、高粱、芝麻、豆类等粮食的加工方法。

第五卷"作咸"：指制造食盐。《尚书》有"润下作咸"一语。本卷记述海盐、池盐、末盐（用地碱煎的盐）和崖盐（岩盐）的生产技术。

第六卷"甘嗜"：指制糖。本卷介绍种蔗、制糖、养蜂以及用谷物制造糖浆的技术。

第七卷"陶埏"：指陶瓷生产。《荀子》有"陶人埏埴（揉粘土）而为器"一语。本卷介绍烧制砖瓦、缸瓮和其他陶瓷器的生产。

第八卷"冶铸"：叙述钟、鼎、锅、炮、钱和铜镜、佛像等的铸造、原料配备、造型工艺及铸件修补方法。

第九卷"舟车"：叙述车辆和船舶的种类、结构、制造方法以及驾驶操作技术。

第十卷"锤锻"：叙述冶铁（锤、锻、焊接等）、炼钢、冶铜（熔、锤、焊及合金）和锻铸斧、锄、锉、锥、锯、刨、凿、锚、针等各种铁件的技术。

第十一卷"燔石"：指烧制矿石。本卷介绍烧炼石灰、蛎灰、矾石、硫黄、砒石，以及开采煤炭的技术。

第十二卷"膏液"：指油脂生产。本卷叙述各种食油、灯油和制烛用油的榨油技术。

第十三卷"杀青"：指造纸。《后汉书》有"欲杀青简以写经书"一语。本卷介绍制造各种纸张的技术。

第十四卷"五金"：关于金、银、铜、铁、锡、铅、倭铅（锌）等金属矿物的开采和冶炼技术。

第十五卷"佳兵"：指兵器。先秦哲学著作《老子》有"夫佳兵者，不祥之器。"一语。本卷讲弓、弩（用机械发射的弓）、箭、干（盾牌）、火药和各种火器的制造技术。

第十六卷"丹青"：指颜料。《汉书》有"丹青所画"一语。本卷叙述朱砂、水银、银朱和烟墨的制造技术。朱砂即辰砂（硫化汞矿物），可从中提炼水银（汞），也可作红色颜料或药物用。银朱是由水银加硫黄后升华而成的硫化汞，也可作红色颜料。

第十七卷"曲蘖"：曲指酒母。蘖原意为稻麦等的萌芽，此处指用稻麦酿酒。本卷讲制造酒曲、配药用的神曲、防腐用的红曲和酿酒的技术。

第十八卷"珠玉"：讲述珍珠、玉石、玛瑙、水晶等采取和琢制加工的技术。

除上述十八卷外，原来还有"观象"、"乐律"两卷。全书付刻前，宋应星感到自己对这两门学问研究得还不够，便把这两篇删掉了。

《天工开物》各卷的先后次序，宋应星在自序中说，是根据"贵五谷而贱金玉之义"编排的。关于粮食和副食品的生产技术的叙介，占了全书三分之一的篇幅，体现了以农业为本的传统思想。宋应星在重农的传统基础上，又以很大的注意力移到手工业生产方面，书中关于手工业生产的卷数占总卷数的三分之二。宋应星重视手工业生产，这是同当时的商品经济比较发达、手工业品的需求有所增长、手工业生产技术有所改进的情况相适应的。书中关于各项生产部门的记述，涉及品种、来源、产区、工具使用、制造方法、操作过程、天然灾害等等许多方面，比较完整地、全面地反映出当时农业和手工业生产技术发展的情况。

《天工开物》初刻本还附有一百二十一幅插图，描绘了一百三十多项生产技术和工具的名称、形状、工序。图中出现了二百七十多名劳动人民的形象：有耕耘田地的农民，有织制彩锦的工匠，有航行江海的船夫，有许多年老工人，也有牧童少年，还有从事纺织的妇女，以及入河采玉的少数民族，此外，还有在演习和作战中的士兵。看着这许多生动的画面，我们好像被带进到了三百多年前的生产现场。用这么多的画面来表现劳动生产和劳动者，这无论在我国还是世界的古代科技书上都是罕见的。插图中有结构比较复杂的机械图，如花机、水碓、水车等，比例大体恰当，具有立体感，绘制的技巧相当高。这些插图，对于研究我国古代（特别是明代）的科技史和劳动人民的生产活动，是很重要的形象资料，已为现代中外科技史著作所大量引用。

《天工开物》的科学价值

《天工开物》记述了我国古代在当时世界上处于先进水平的生产技术，书中讲到的许多机械和工艺体现了我国古代劳动人民的智慧和创造力。这里试从几个方面，来谈一谈《天工开物》的科学价值。

1. 农业和生物学方面

我国是世界上最大的农作物起源中心，很多农作物是我国古代劳动人民最早从野生植物驯化选育而成的。明代时农业生产更有所发展，以水稻生产为例。《天工开物》就作了详细的记述。书中谈到品种和浸种、育秧、分栽的技术，谈到早稻、晚稻和间作的双季稻的栽培方法，记录了某些水稻品种的变异现象。关于施肥，除举出人畜粪便、榨油枯饼、草皮、木叶等以外，还提到南方用磨绿豆粉的水浆灌田，黄豆价贱时以豆作肥料，这是以前的农书中所没有谈到的。关于改良土壤，讲到对土性带冷浆者施用骨灰和少量石灰，对土质坚硬者要用烧土法。这是我国关于合理使用磷肥的最早记录。并于耕作和田间管理，记载了耕、耙、耘、耔（培土）的工具和技术。灌溉方法，记述了筒车、牛车、踏车、拔车等各种水车和井上汲水工具桔槔等灌溉工具的使用效率。此外，还总结了水稻因遇水、旱、风、虫、雀鸟啄食等而出现的八种灾害及其防治方法，这在古农书中也是罕见的。《天工开物》讲到的水稻耕作技术，有许多直到现代还在使用。

　　《天工开物》广泛地记载了各地农作物的品种和特性，叙及土壤、气候、栽培方法对作物品种变化的影响。例如：南方水稻因干旱缺水的影响，经过人工培育而变成早稻，可在高地种植；在北方，大麦品种"随土而变"，黍粒的大小则受土质肥瘦和季节的影响。宋应星在大量观察的基础上得出结论说："五谷不能自生，而生人生之"，这是指农作物要靠人工培育；"种性随水土而分"，这是说物种因环境条件的变化，经过人工培育，可以改变品种的特性。这个结论是符合科学的。

　　我国养蚕业有悠久的历史和丰富的经验。《天工开物》记述了将黄茧蚕同白茧蚕杂交，培育褐茧蚕，又将"早雄"（一化性雄蛾）同"晚雌"（二化性雌蛾）配种杂交，从而培育出"嘉种"的经验。这是生物学史上的珍贵记录，说明利用杂交优势，在我国古代已经出现。

　　我国古代种植甘蔗和提制蔗糖的技术，宋代王灼的《糖霜谱》

已有专门记载。《天工开物》叙介的有关技术则大大超过了前书所述。"甘嗜"卷除肯定"锄耨不厌勤"的精耕细作的传统要求外，讲到因地制宜种植甘蔗，育苗移秧（有利于适应抗旱、提早成热、提高单产等），平放双芽苗（避免下种时一上一下，致芽难以生长），使用清粪水（速效氮肥）催芽等等，这在当时来说都是先进的增产措施。

我国是世界上最早懂得利用微生物发酵来加工食品的国家，三千多年前就知道用曲酿酒和制酱。《天工开物》记载的制曲方法，是这方面经验的总结。其中所记对食品具有防腐防臭作用的红曲，就是古代劳动人民的一项创造。书中提到用明矾水（无机物溶液）培养纯化红曲种（微生物），这种方法至今还是有用的。

2. 采矿和冶金方面

我国采矿和冶金的历史也是十分悠久的，但从《天工开物》开始才有关于采矿方面的专篇著作。该书"五金"，"燔石"和"丹青"等卷记载了矿产三十多种，保留了古代采矿知识的珍贵资料，在我国科技史上第一次对地下矿藏的开采方法，包括井下巷道的支护、通风、矿井的提升和充填等，有比较具体的论述。从中可以看出，明代时我国冶金和金属加工生产的规模、产量和技术，都处于世界的先进地位。

炼铁方面，炼铁炉已使用活塞式木风箱，可以连续鼓风，强化冶炼过程，这项重要发明比欧洲要早。《天工开物》的记载，反映出当时炼铁技术的几个特点和优点。第一是钢铁生产程序的创造：先把铁矿石炼成生铁，再由生铁炼成熟铁，然后由生铁、熟铁合炼成钢。第二是炼铁炉操作的半连续性：在第一炉出铁之后，用泥堵住出铁口，鼓风再炼二炉。这比当时欧洲的间歇式生产要先进。第三是生铁、熟铁连续生产的工艺：把炼铁炉和炒铁炉串联使用，使从炼铁炉流出的生铁水，直接流进炒铁炉炒成熟铁，从而减少了一次再熔化的过程，既加快了速度，提高产量，又节省了燃料。当时的欧洲还没有这种方法。第四是熔剂的使用：把生铁炒成熟铁的时候，用细泥灰作熔剂，撒在铁水上面，同时用木棍不停地搅拌，以加速生铁的氧化。这些技术在当时都是先进的。

铸造方面，《天工开物》介绍了铸造大锅和万斤以上的铁钟、铜钟、香炉的方法：先调和石灰、泥和细砂，制造内模。再用牛油、黄蜡涂附在内模上面，平整后雕刻文字或图案。另用极细的泥粉、炭沫调成稠糊，逐层涂铺在油蜡上面作为外模。然后用慢火烘烤，使里面的油蜡熔化流出，形成空腔。再在模型的四周修砌几个熔炉和泥槽，等钢或铁熔化时，一齐打开出口，让钢液或铁液汇注入模内。这种用小炉群汇流和连续浇注作业来铸造大型金属器件的技术，熔模失蜡的铸造工艺，以及铸钱用的砂型铸造工艺，不仅在当时是先进的，而且它的基本方法在近现代还在使用。

关于金属的热处理和加工工艺，《天工开物》讲到了从"重千钧"的大铁锚到"轻一羽"的绣花针的不同制品的生产过程。制针时，先用生铁做成拉丝模型，进行冷拉，剪成针坯，然后入锅炒熬，炒后，用泥粉掺入豆豉（作促进剂）、松木和火矢（一种渗碳剂）三物盖在上面，再加热，最后经淬火成针，这在当时也是先进技术。至于制锄用的"生铁淋口"法，即在熟铁坯件的刃部淋上生铁，经冷锻，淬火后渗碳，这是我国古代劳动人民创造的液态渗碳工艺。

3. 化学方面

《天工开物》记述了某些金属元素的化学性质，还分别比较了几种金属的活泼程度，并利用它们之间的差异来分离各种金属。例如要提纯杂金，就在坩埚里加入熔点较低、能起助熔作用的硼砂，可以分出金来，然后放一点铅，再把银分离出来。如要去掉银里的杂质，方法是将杂银送入高炉用猛火熔炼，撒上一些硝石，使其中的铜和铅全部结在埚底。

该书还记录了若干起化学反应事例。如用铅和醋制成胡粉（又叫白粉，即碱式碳酸铅），这是化合反应；用铅提纯银，这是分解反应；用葱汁拌入黄丹（氧化铅），慢火熬炒，就能把黄丹还原成铅，这是置换反应。这说明，宋应星已认识到：上述各种反应中有一种基本的物质，而与它有关的反应中出现的其他物质则是派生的；也就是说，白粉和黄丹都是铅的表现形式。在十七世纪上半叶就具有这样的认识是很了不起的，因为它正是科学的化学元素概念的初步萌芽。

《天工开物》关于倭铅（锌）的记述，在化学史上也值得一提。书中说：倭铅似铅而活动性能更猛烈，如不和铜结合，一见火就挥发成烟；用炉甘石（碳酸锌矿石）烧炼时，必须装入泥罐密封，不可与空气接触，防止挥发。这一记述，说明我国提炼锌早于西方。因为在西方，到十七世纪末叶才在英国炼得金属锌，而直到十八世纪中叶德国炼出金属锌时，科学界才确认锌是一种独立的金属元素。

《天工开物》在记述用朱砂制水银和用水银制银朱时，指出：用一斤（十六两制）水银，加入两斤石亭脂（天然硫黄），加热升华后，得银朱十四两、次朱三两五钱，两者合计超过一斤，多出的重量是从石亭脂的硫质中产生的。这表明宋应星初步认识了化学变化中质量守恒的道理。还有，银朱中硫的含量很少，而用水银升炼时却要用成倍的石亭脂，可见当时从事生产的工匠和进行考察的宋应星已有这样的经验：为了使比较贵重的物质（如水银）能最充分地参与化学反应，就需要加入多量的比较便宜的其他反应物质（如石亭脂）。这种方法在现代的化学实验和化学工艺中还常常应用。

《天工开物》记述应用化学技术的经验更多。如"彰施"卷讲到二十几种颜色的拼色工艺和提取各种染料以及施用媒染剂的经验。"杀青"卷提到造竹纸工艺中用石灰浆处理竹穰、用柴灰处理纸浆、在纸浆中加入纸药水汁这三项关键性的化学工艺，这比旧的造纸法已大进了一步。"甘嗜"卷中提到用石灰澄清法处理蔗汁以沉淀杂质并中和酸性物质的经验。"五金"卷论述用红铜和倭铅按不同比例配方制成各种铜锌合金的经验。这类记述很多，就不一一介绍了。

4. 物理学和机械学方面

宋应星在写作《天工开物》时，对一些物质的物理性能和一些机械的物理作用进行了探索。例如，他指出各地盐场的盐，同是一升，但重量不一；同是一立方寸的金、银、铜，重量也不同。这里就提出了比重的问题。书中记述了船身大小同载重量的关系，船舵大小同转运力的关系，表明宋应星对于力距、重力以及面积同压力的关系等问题，已有了一定的理解。

明末手工业中已广泛使用简单的机械。《天工开物》中绘有许多机械构造图，记载了不少发明创造，如机械设计上用连续运动代替间歇运动以提高生产效率，在机械传动方面发展了绳索传动、链条传动和连杆传动等。"乃服"卷记载的脚踏式纺车和花机等机械，结构复杂，在当时世界上居于先进地位。以明代的丝织技术来说。《天工开物》所总结的就有十几种织造工艺，生产各种花色的绫、罗、绸、缎、锦等。留下来的明代的精美织品，至今还使人们赞叹不已。

明代的某些机械已经是近代机器的雏形。例如"粹精"卷介绍了"一举而三用"的水碓，这是一种利用水力来磨春谷物的机械，它"激水转轮，头一节转磨成面，二节运碓成米，三节引水灌于稻田"。这个水动装置具备了动力机、传动机和工具机三个部分，所以已经是近代机器的雏形。"作咸"卷记载的打井机械，有一种铁锥，能把石山不断地冲凿成孔，每凿进数尺，用竹竿接长，继续凿进，这种工具可以说是近代井钻的雏形。这是世界钻井史上最早的资料之一。由于当时的中国，封建制度还严重地阻碍着社会生产力的发展，所以这些先进机械的出现只是个别的现象，得不到广泛的应用和发展。

宋应星科技研究的几个特点

科技巨著《天工开物》的写成，不是偶然的。明朝时社会生产力有所发展，农业特别是手工业生产有明显增长，工场规模扩大了，工商城镇多起来了，国内交通相当便利，海外贸易也随着航海技术的发达而开展起来，这一切，都是有利于科学技术交流的客观条件。宋应星关心国计民生，反对空谈，不为功名利禄所束缚，在一定程度上冲破了所谓"上智下愚"的剥削阶级偏见，重视生产劳动，比较地接近劳动人民，这些主观条件，使他能在科技研究方面走上正确的途径。与此相联系，宋应星的科技研究工作具有这样几个特点和优点。

其一，重视实地考察和实践：宋应星在《天工开物》的序言中表示了对那些食古不化、徒有虚名、不务实际的人的鄙视。他说，世上一些所谓"聪明博学"者，往往对常见的枣花梨花还分不清楚，却胡乱猜测古书上所记楚昭王看到的萍实是什么样子，连铸锅的模型都很少接触，却妄谈春秋时候的宝鼎，这种人是不足效法的。他认为要进行研究，不能只靠别人说的和写的。他指出，明代中原统一，比东晋、南宋时国内分裂的局面好得多，从云南到辽东，从岭南到燕北，交通畅通，"为方万里中，何事何物不可见见闻闻"。因此，他为了了解各项生产技术，尽可能进行实地考察。如为了研究纺织生产，他走访了许多纺织业工场作坊，仔细观察各种机械的结构尺寸和操作方法，画下了多幅生产图和机械图，而且弄清了从养蚕、缫丝、种棉到纺织成品的来龙去脉。通过仔细的观察，他对蚕蛹变成蚕蛾，破茧而出，雌雄交尾，一只雌蛾产卵约二百余粒等等，连同时间变化，作了生动具体的描述。

在介绍种蔗经验时，宋应星强调要"试验土色"，要亲尝土味，味苦的不宜种蔗。但山里河流上游的坝地，即使土味甜也不行，因为山气寒冷，温度不适宜。最好是阳光充足的下流河坝地，要沙壤土，不要黄泥土，等等。这都是他经过实地考察而总结出来的蔗农多年积累下来的有用经验。

宋应星在"膏液"卷中，记下了经过试验的十多种榨油原料的出油率。又说，"其他未穷究试验"的，还有待以后补记。他在"佳兵"卷中提到古书上讲的，烽火台上狼粪烧的烟能迎风直上，江豚骨灰能逆风燃烧。他认为对这种传闻不能轻易下结论，"皆须试见而后详之"。可见，他对于没有试验过的东西，是采取慎重态度的。

其二，请教有丰富实践经验的劳动者：宋应星在《天工开物》中一再赞颂直接生产者的创造性劳动。他表示：上古神农氏有无其人虽不得而知，但那些最早种植五谷、培育良种的"先农"，的确配得上神农的称号。他钦佩地说：耕田施肥要掌握好气候变化，"在老农心计也"；江南农民创造的"水碓之法巧绝"；丝织工匠织出的花色"人巧备矣"。他还赞扬老采煤工对地下矿藏"从土面能辨有无之色"。

宋应星经常到各地农村请教老农，到手工业生产现场走访工匠师傅，这样，才能对各种生产过程的细节、工艺要点、许多机械的构造和性能，以及生产中呈现出来的物理作用和化学变化等，有比较深切的了解，他甚至还了解到一些工艺技术的秘诀。例如，用红花染过的丝绸如要褪色，可将所染丝绸浸湿，滴上几十点碱水或稻灰水，红色就会退净，将所得色水用绿豆粉吸收起来，再用来染红色，就不会褪色了。这种方法"染家以为秘诀，不以告人"。在封建行会习气浓厚、工场主严格保守技术秘密的情况下，宋应星能了解到一些技术秘诀，这正是他不耻下问，在虚心求教于工匠方面做了深入细致的工作的结果。

其三，注重实用：宋应星对于同广大人民生活有密切关系的产品和技术，记述较详细；而对于专供达官贵人享受的用品，则记述简略。例如，他详述了供多数人食用的水稻品种，最后说，"香稻一种，取其芳气，以供贵人，收实甚少，滋益全无，不足尚也"。他重视广大人民穿着的布衣、棉衣，而对皇帝穿的"龙袍"，只说比普通织品多费工本数十倍，至于如何制作，则以"不可得而详考"一笔带过。他对于普通人"日用必需"的杯盘等器皿的生产，记述颇详；而对于"不适实用"的供摆设的瓷器则讲得很简略。在述及专供皇家用的琉璃瓦"其土必取于太平府"（今安徽当涂、芜湖一带）时，他加了一条抨击统治者的夹注，指出制瓦和造皇陵，都要取土于其地，舟运三千里方达京师，承运的官吏除了掺沙作伪，一路上拉民夫，抢民船，"雇役捆舡之扰，害不可极"。关于"窑变"的附录中，他记载了正德年间（1506～1521）陶瓷工匠因为造不出供皇帝用的一种叫"宣红"的瓷器，以致"身家俱丧"，甚至跳入窑中"自焚"的悲剧，从而有力地揭露了封建统治者骄奢淫逸的罪恶。可以看出，宋应星注重实用技术，是同关心民间生活联系在一起的。

其四，重视数据：由于封建制度的束缚和轻视生产技艺的儒学传统的影响，在我国古代，科技著作不仅数量少，而且大都缺乏具体的数据。而掌握数据，是使研究内容具有科学性的条件之一。《天工开物》中记录了一百三十多项技术经济数字，这就增强了本书的科学价值。这些数字包括农业方面的农时、田间管理、单位面积产量，手工业方面的各种生产工具的大小尺寸、材料消耗、使用寿命、材料配方、经济效率以及不同物质的物理性能，等等。例如书中所记各种铜锌合金的配方，至今仍有参考价值；特别是黄铜配方比例，同现代采用的配方非常接近。当然《天工开物》中所记的不少数字并不一定都精确，但这些记述足以说明宋应星对数据的重视。而且，这些技术经济数字是古代劳动人民长期积累的生产经验的总结，是了解我国古代工农业生产技术发展水平的重要资料。

其五，独立思考，着眼于发展：宋应星写《天工开物》，不是采录旧著，汇编成书，也不是有闻必录，述而不作，而是以直接的实地考察为主，独立地进行艰苦的探索和认真的研究，有分析、有鉴别地记录和总结当代的生产技术。上述许多事例说明，正因为以实践经验为依据，又经过独立思考和研究，才能有所发现，有所创见。

另一方面，宋应星也重视前人研究成果和别人的有用经验。例如，他在写作中就参考了李时珍的《本草纲目》和王灼的《糖霜谱》等著作。他还留心外国的技术。《天工开物》中曾经提到朝鲜的纺织、榨油技术和海船的制造，日本的制刀、造纸和造船，波斯（今伊朗）所生产的一种叫"波斯矾"的黄矾，以及葡萄牙人制造的"佛朗机"（炮）和荷兰人制造的"红夷炮"等。

对于生产技术，宋应星总是着眼于发展和新的发明创造。例如，他注意到兵器制造的"日盛月新"，并且认为人们的"巧思"是没有止境的。他还高兴地提到金属冶炼技术的"日异而月新"，提到制曲方剂的"配合日新"，不断改进。关于陶瓷器皿，他认为，虽然已经制作得很精美，也不会停滞不前的。关于将自然物加工为人类所用的情况，他说："其道宁终秘也"。这里透露了探索自然奥秘的思想。从这些话里可以看出，宋应星已经意识到，人类的认识是不断向前发展的，生产技术的进步是没有止境的。

其六，驳斥迷信：科学和迷信从来是对立的。宋应星根据生产实践和实地考察，指出了一些迷信传说的虚妄。如在"乃粒"卷中，他针对有人因稻灾而"反怨鬼神"，指出种子带病是水稻发病的一个原因，这是"祟在种内"，并非鬼神作怪。对于人们所说的能够烧毁稻穗的"鬼火"，他虽然还不知道这是磷火，但他否定有所谓"鬼火"，认为不过是坟墓中被水浸烂的棺木所发出来的"火子"，这种解释明显地表达了反对迷信的精神。他还指出，所谓"有清官感召"而使珍珠增产，这是谬妄无稽之谈。并且揭穿了道家巫士借炼丹术以骗取钱财的行为。

在肯定宋应星在科技研究工作中的特点即优点的同时，也应该指出，由于历史条件和科学水平的限制以及个人认识上的不足，《天工开物》的内容也存在这样那样的缺点和错误。例如，他不知道先秦古籍中出现的"麻"就是俗称火麻的大麻，却推测为"其种已灭"等等。见于《尚书》的"枲麻"，古代泛指麻类，他却又臆断为是后来的棉花。又如，说"江南麦花夜发，江北麦花昼发"；说矿区耕垦后铁矿会"逐日生长，愈用不穷"。这都不符合事实。至于说珍珠是在蚌腹内"映月成胎"而成，宝玉是"映月精光而生"，死人嘴里含着上等珍珠尸体就不会腐烂，等等，更是明显的错误。书中绘图也有不够准确的地方。不过，对于全书来说，这些不足之处是瑕不掩瑜的。总的看，《天工开物》的内容具有重大的科学价值，宋应星从事科技研究的基本途径和基本方法是值得肯定的。

宋应星的自然学说

宋应星在写完《天工开物》之后，接着又写了许多关于自然学说的著作。可惜，今天能看到的只有《论天》和《论气》两种。《论天》已经残缺，只剩了"日论"六章，是讲天体运行的。《论气》的内容涉及物理、化学、生物等方面，许多是联系生产技术来分析的。可以说，《论气》是以《天工开物》为基础，对生产技术研究进行理论上的探讨。这两本书的内容反映出，宋应星的自然学说贯穿着朴素的辩证法和唯物主义的观点。

首先，宋应星肯定了客观世界的物质性。他说，"盈天地皆气也"，充满于宇宙之间的都是"气"。世界万物是"气"这种根本的物质元素在不同条件下的不同形态："气"赋有具体的物态（液体、固体）时，这叫"形"；"形"还原为本来的根本物质，仍然是"气"。这种认识，是同液体气化和固体燃烧后烟消灰灭这类最普遍的现象相联系的。他看到制陶、冶炼、印染等等许多生产过程中物体形态的变化，都通过水或火起作用，又认为水火是处于形与气之间的中间状态。他指出，动物、植物、矿物等物体是"同其气类"，也就是说，各种物类就其所构成的根本物质来看，是具有共同性的。显然，这种认识已经初步接触了世界的统一性就在于它的物质性这一唯物主义的原理。认为客观世界是"气"这种根本物质构成的，这在宋应星以前的古代哲学家早已提出过。宋应星比前人进了一步的地方，在于他更多地联系到生产和科技的实践。

其次，宋应星认为物质世界是在不断运动着的。他举例说："气聚"而形成为日月，日月或明或暗，或升或没；星陨为石，石又化为土；气化为雨雹，雨雹又转化为气；草木与人类、禽兽、虫鱼等动植物从生长到死亡，尸体腐朽化形，等等，这都是"由气而化形，形复返于气"的带规律性的变化，是"二气"（水火）和"五行"（水火加金木土）等物质自身的运动和变化。总之，在宋应星看来，世界万物的运动变化，在于物质本身的原因。

宋应星还认为，在万物的生成变化中，"气"这个根本物质只是处于不同的形态中，而它的本身并没有消灭。例如，种子入地，由气而生，长大成木，砍伐成材，制成器具，遇火成灰，或叶落化为泥，最后又转化为气。他甚至说，即使宇宙遇到所谓"劫尽"（佛家语，毁灭之意），也不可能想象一切都归于乌有。这种认为物质不

93

灭的思想，在科学史和哲学史上都是值得重视的。

宋应星还指出，天体运行中，存在着对立的现象。他说："无息，乌乎生？无绝，乌乎续？无无，乌乎有？"例如日和月，从"未始有明"到"明生"，又由"明"到"无明"；草木则一年一荣枯，枯又复生，等等。他还通过分析水与火的相互作用，论述了事物之间相生相克、相反相成的关系。这些论述，表明他对于事物的矛盾运动有一定的理解，这些看法是符合辩证法的。

宋应星根据他对自然界的唯物主义的理解，曾经观点鲜明地批判儒家的天人感应说。天人感应说认为：帝王受命于天，上天经常用符瑞或灾害来告诫帝王，这是"天心"爱护人君的一种表示。许多儒者都举日食为上天示警的事例。宋应星在《论天》的"日说"章中写道："儒者言事应以日食（蚀）为天变之大者"，但汉景帝的"二十六年中，日为之九食"，而王莽执政的"二十一年之中，日仅两食，事应果何如也？"唐太宗贞观头"四载之中，日为之五食"，而唐高宗在位时武则天掌权，头"二十年中，日亦两食，事应又何如也？"历代儒者对汉代文景之治和唐代贞观之治都是肯定的，对王莽和武则天这两个历史人物一般是否定的。宋应星就以儒者公认的事实为例，有力地提出反问，这一段批驳文章是写得很精彩的。他根据记载和自己的观察，在书中绘图说明："纯魄（月）与日同出，会合太阳之下（掩蔽了太阳），日方得食。"这个说明是正确的。

17 世纪上半叶的中国，近代的自然科学远未建立起来，这就决定了宋应星所具有的唯物主义观点，是朴素的、自发的，也是不彻底的。他把一些自己无法解释的自然现象说成是"天心之妙"、"造物有尤异之思"，这说明他还未能完全摆脱唯心主义的神秘观念的影响。他关于自然界的解释，如说"气"是万物的本原，"世间有形之物，土与金石而已"等等，终究是一种幼稚的假说。不过，我们

还应该历史地来看问题。在三百多年前的中国，宋应星的唯物主义自然学说却是一种先进的思想。

3. 蒙古族天文数学家明安图

明安图，蒙古族人，属清初蒙古正白旗（今内蒙锡林郭勒盟南），生卒年不详。按有关资料排比其卒年当在 1763～1766 年间，暂定 1765 年。青年时代被选拔为官学生送钦天监学习天文历算，1712 年曾随康熙皇帝去承德答问天算问题，次年卒业，供职钦天监，历任五官正和钦天监监正，前后共四五十年。其间他参加了《历象考成》前后编和《仪象考成》的集体编撰，平时则负责编算各年时宪书，预告日月食。乾隆年间曾二次去新疆测绘地图，以测太阳午正高弧定地理纬度，以月食观测定东西偏度，即经度，同时配以三角测量，在测量基础上编绘《皇舆全图》新疆部分。数学方面著有《割圆密率捷法》，其中证明了传教士杜德美传入的 3 个无穷级数，又在证明过程中得到另外 6 个无穷级数展开式，此书由他的儿子最后续成，颇有影响。

他的科学成就表现在三方面，即天文历算、地图测绘和割圆密率。在这三方面，他的工作差不多经历了大致相同的过程，即先是以普通人员参加工作，进而在工作中逐渐表露其才华，弄懂传教士秘而不传的方法，最后有所发展。天文历算方面，《历象考成》编成后，其中的日躔月离表，除二位传教士徐懋德、戴进贤以外，只有明安图一人能够使用，于是由他们三人主持编写后编，抛弃了本轮均轮体系，改用地心椭圆面积定律。可见，明安图是前后编之间的纽带。新疆测绘先是由传教士蒋友仁、高慎思等人主持，后来，明安图参与其事，最后成了领导人，而测量队里的传教士傅作霖和高慎思已在他领导之下。割圆密率的研究也是从传入的几个公式入手做的。总之，他作为一个蒙古族天文数学家，在清初传教士控制中国钦天监的时期中，以自己的学术水平和才能当上钦天监监正，主持一些重要工作，打破了传教士的垄断，这是很有意义的事。

4. 我国近代科学的先驱者李善兰

李善兰，晚清浙江海宁县人。10 岁时自学《九章算术》无师授而通其义，从此遂喜爱算学。15 岁时读利玛窦和徐光启合译的《几何原本》前 6 卷，深为未译全书而遗憾，后结识江浙数学家多人，共同研讨，屡有著述，成为当时有名的数学家。1852 年至上海，与传教士伟烈亚力、艾约瑟等人合作，翻译西方自然科学著作多种，涉及数学、天文、力学、植物等学科。1860 年之后，重新转入研究和著书阶段。1862～1867 年入曾国藩门下，为出版著作集《则古昔斋算学》而奔走。1868 年后入京，充当同文馆中天文算学馆总教习，从事教育，直至晚年，卒于北京。

李善兰一生在数学上的贡献最大，他的《方圆阐幽》、《弧矢启秘》、《对数探源》三书是其名作，他提出求自然对数的方法、级数回求的"李善兰恒等式"和素数论，开创了我国高等数学的研究领域。他同传教士合译了《几何原本》后 9 卷、《代数学》和《代微积拾级》，使微积分学在我国第一次得到传播，他创立的许多数学名词和数学符号沿用至今。

在天文学方面，他同伟烈亚力合译的《谈天》一书是我国古典天文学体系向近代天文学转化的关键，由于《谈天》的出版，近代天文学的系统知识在我国广泛传播（见本编第九章）。此外，他对椭圆轨道的解算进行了深入研究，为天体力学在我国的传播打下了基础。自从明安图等人在《历象考成后编》中采用了椭圆面积定律以后，计算日、月、行星位置都要用到开普勒方程，在面积和近点角之间互相推求，数学家徐有壬写了一本《椭圆正术》，简单扼要，且便于对数运算，李善兰为其作了图解证明，即《椭圆正术解》。后来，他又写了《椭圆新术》和《椭圆拾遗》二书，提出用无穷级数的方法求解开普勒方程，即用级数展开式求解，这在近代天体力学、轨道计算中是常用的数学方法。这一方法虽比欧洲学者为晚，但毕竟是独立研究的成果。（薄树人：清代对开普勒方程的研究，《中国天文学史文集》第三集，1984 年）此外，李善兰还用几何学方法解释《麟德历》的计算步骤，为探讨中国历法的天文学意义开辟了道路。在恒星子午观测定纬度的方法中，他也是以几何学方法来说明代数运算的含义，是以解析几何用于天文学的范例。

在力学和植物学方面，他同传教士合译的《重学》20 卷和《植物学》8 卷都是在我国首次传播这些学科的系统知识，创立了许多译名，实为科学名词的最初建立。

李善兰既是一位有成就的数学家，更是我国近代科学的先驱者。

5. 深具民族气节的科学家詹天佑

1890 年，清政府想要修一条从北京到沈阳的铁路，这条铁路由英国总工程师金达指挥。在经过滦河的时候，要修一座桥，这个工程却让这位大名鼎鼎的英国工程师大伤脑筋。经过几天的观察和思考，这位英国工程师只好把这个工程交给了日本和德国的一些承包人来完成，结果他们都以失败而告终。

其实中国早在 1887 年就已成立了自己的铁路公司。但是当时执政的清政府对自己的技术人员不信任，总是把修铁路的大权交给外国人。

对滦河大桥束手无策的英国工程师金达找到了中国铁路公司的工程师詹天佑，他一脸愁苦地对詹天佑说：

"詹先生，这个滦河工程看来我们老外是拿不下来了，你看你们中国人是不是有新的办法。如果能行的话我就把这个工程交给你了。"

詹天佑在看完金达的设计图纸后说：

"如果你的设计方案能改动的话，这个工程我会很快把它完成的。"

着急的金达看见詹天佑已经同意承接这个工程，高兴得连忙答道："可以，可以。"

詹天佑经过反复的研究和考察，发现滦河的建桥地点选得不是地方，因为这一带滦河的土质有问题。詹天佑改变了建桥地点，并大胆地采用了压汽沉箱的办法，让中国的潜水员下河操作，结果终于成功地打下了桥桩。就这样滦河大桥在詹天佑的指挥下建成了，那些外国工程师都目瞪口呆，不得不对中国工程师另眼相看。

詹天佑 1861 年生于广东南海，童年在私塾读书。旧时的孩子上学主要的课本就是四书和五经一类的古书，詹天佑自小并不喜欢这些东西，他喜欢的是用泥土做各种各样的玩具，并常常和小伙伴们到附近的一些工厂里去拾小螺帽，詹天佑因此收集了各种各样和不同型号的螺帽。

十一岁那一年，詹天佑来到了香港，并考取了技艺学校，他在技艺学校刚上了一年的学，就碰上了清政府在上海设出洋局，政府需要招收一批儿童到美国留学。詹天佑的父亲听说这件事以后，便去替儿子报了名，就这样詹天佑在香港参加了考试，并顺利地通过了考试。

1872 年 7 月，十二岁的詹天佑作为中国第一批留美官费生前往美国去读书，在那里他先后读完了小学、中学并以良好的成绩考取了著名的耶鲁大学。在耶鲁大学里他攻读了土木工程和铁路工程专业，并于 1881 年以优异成绩学成回国，那一年他只有 20 岁。

当时中国守旧派官僚们对于铁路修建事宜既恐惧又反感，认为是"破坏风水、冲动地脉、让我们的祖宗在地下不得安宁"。这一来就使得学业刚结束的詹天佑英雄无用武之地。詹天佑只好改行到福建水师学堂学习驾驶海船，然后分配到福建水师"扬威"号旗舰上去担任驾驶官。

1884 年，中法战争爆发，詹天佑驾驶的"扬威"号参加了战斗，因为"扬威"号的指挥官张成半路逃跑，詹天佑主动担任了指挥官，并将敌人的旗舰狠狠地教训了一顿。

几年后，随着中国铁路公司在天津成立，詹天佑才得以旧梦初圆。滦河工程的建成不仅为中国人争了光，同时也为詹天佑以后的工作打下了一定的基础。

在这之后，中国决定修建北京到张家口的铁路，因为铁路所经之地是我国的经济和军事重地，所以英国和俄国都争着要修这一条铁路。后来双方争执不下，就对当时执政的清政府表态：

"这条铁路除非由中国人自己来修，我们就不过问此事了。"

清政府于是决定自己来修建这条铁路。1903 年，清政府终于起用了中国自己的铁路工程师詹天佑来修建京张铁路。外国人听到这个消息以后，都大为惊讶，他们认为按中国人的实力再过 50 年也完成不了这个工程。以至于詹天佑在给自己美国的一位老师写信的时候说："如果京张铁路工程失败了，它不仅是我一个人的不幸，同时它也会给中国人民带来巨大的损失，我想我会用我所有的精力和时间来完成这一工程，这也是我坚持担当这一工程的一个重大原因。"

从北京到张家口的铁路全长二百公里，这条铁路不仅要经过崇山峻岭的燕山山脉，同时还得穿过号称天险的居庸关、青龙桥、八达岭一段，这些困难没有把詹天佑给吓倒，他决定用穿山洞打隧道的办法，穿过燕山山脉。京张铁路仅仅在燕山山脉就打了四条隧道，最长的隧道有一千零九十一米。

打隧道虽然是一个解决火车如何穿过燕山山脉的一个方法，但是这个方法对贫穷的中国来说有些难处，因为这样一来，消耗的资金不仅很多，同时还占用过多的劳力。经过反复的研究和探讨以后，詹天佑在修建居庸关、青龙桥、八达岭一段时便采取了"人"字形的方法铺铁轨，让火车用两个大马力的火车头前拉后推，然后到交叉点以后再调换方向。这样循环交替，结果火车就能平平稳稳地上山了。后来人们为了纪念詹天佑的伟大壮举，在青龙桥车站为他立了铜像。

1909 年 8 月 11 日，京张铁路终于完工通车了，并且比原计划提前两年完成。詹天佑的方法为国家节余了二十八万两银子。这条铁路的修建成功也使得外国人交口称赞。接着詹天佑又担任了川汉粤川铁路总工程师，并都圆满地完成了任务。詹天佑为中国铁路事业作出了巨大贡献。

6. 新中国伟大的地质学家李四光

1889 年 10 月 26 日，李四光出生于湖北省黄冈县一个贫苦农民家庭。父亲是一个教书先生，收入微薄，不得不在教书之余种些田地，他为人耿直，乐于助人，他的这种性格给了李四光以有益的影响。

李四光的母亲是父亲的后妻，粗通文墨。从四五岁起，李四光就跟着母亲打柴、推磨、担水，从小就养成了吃苦耐劳的习惯。
1895 年，中日甲午战争以中国失败而告终，6 岁的李四光就立下了
发奋学习为国争光的志向。小学时期，李四光读书勤奋，肯动脑筋，
因而学习成绩一直名列前茅。

1904 年，求知心切的李四光便向父母提出要求去武昌求学。

1904 年 7 月，李四光以优异成绩被选送到日本留学，先在弘文
学院普通班学习，后入大阪高等工业学校船用机械专科学习。

1910 年 7 月，李四光学成归国。但在战火连绵的旧中国，他难
以找到施展才华的机会。于是愤懑之余，李四光决定再次出国，到
英国留学。

1917 年，李四光获得学士学位。一年之后，即 1918 年 5 月，李
四光又以《中国之地质》的长篇论文获得自然科学硕士学位。

1920 年 5 月，李四光婉言谢绝了恩师的挽留和一家印度矿山公
司的高薪聘请，毅然回到了祖国，就任北京大学地质系教授。

1931 年夏天和 1932 年夏天，李四光两次到庐山考察，又发现了
一些冰川 U 形谷和冰川泥砾堆积物。他将野外资料分析整理后，提
出庐山在第四纪地质时期，至少经过两次冰期。中国第四纪冰川主
要是山谷冰。1936 年 8 月，李四光又带着助手第四次赴庐山考察，
获得大量证据：在白石嘴发现了第四纪冰川的确凿证据——冰溜条
痕石。至 1937 年李四光将在庐山考察所得写成专著《冰期之庐山》，
为我国第四纪冰川地质的研究打开了大门。

另外，在研究地壳的起源问题时，李四光不畏国外权威的说教，
终于以几十年艰苦的探索研究，创立了一门新学说——地质力学，
从而使李四光成为我国地质学家以创造性思想登上国际地质论坛的
第一人。

1952 年，地质部成立，李四光被任命为部长。从此，李四光便

开始为新中国的地质事业而忘我工作了。

毛主席、周总理等中央同志就石油远景问题询问李四光。李四光肯定地认为：找油的关键不在于"陆相"、"海相"，而在于有没有生油和储油的条件。我国有大面积的沉降带，都有良好的储油条件，肯定能找到石油。

国家按照李四光的理论，立即开展寻找石油大会战，终于在东北、华北、中原一带发现了储量丰富的石油。

地震能不能预报？这是地质力学理论面临的又一个严峻问题。1966 年，河北邢台地区发生了强烈地震，给国家和人民造成重大损失。周总理多次召集科学家商讨对策。李四光认为地震和任何事物一样，不是偶然的，也是有一个过程的，是可以预报的。从此以后，他便投入了探索地震预测的工作。

李四光是我国卓越的自然科学家，世界当代最杰出的地质学家之一。他打开了中国第四纪冰川地质研究的大门，创立了地质力学。他把毕生的精力都献给了祖国和人民，他的精神永远鼓舞着中国人民。

7. 植物学家吴其浚

吴其浚，字瀹斋，河南省固始县人。生于 1789 年，卒于 1847 年。是我国清代有名的植物学家。

吴家是当地的官宦人家，好几代人都当朝做官。在当时"万般皆下品，唯有读书高"的思想指导下，这样的人家都藏有相当数量的图书，这也为吴其浚从小就能接受良好的教育提供了条件。加上吴其浚的聪明伶俐，好学好问，学习这些古诗词倒也并不费多大力气。

孩子的天性是与大自然接触，与大自然成为好朋友，吴其濬也是如此。他喜爱大自然中的红花绿草和苍松翠柏。吴其濬是一个有心人，在游玩的同时，对见到的动植物，特别是植物，经过自己的观察，总要提出一些自己不能解释的问题来，而且总要追根究底。他十几岁时，父亲在湖北当楚北学使（管教育的官）。有一次，一位远方来的客人，带来了一种大家都没见过的水果，外形好似鸭蛋，可味道却是酸酸甜甜的橘子味，十分可口好吃。高兴之后，吴其濬开始仔细端详起这个奇怪的水果。"这个水果叫什么名字啊？"他好奇地问来客，可客人说这水果也是别人送他的，他也不知道水果的名称。吴其濬转而又问自己的父母和家人，却没有一个人能回答这个问题。吴其濬想："世界上有多少种花草树木啊！就连人们吃的一些水果，也有大人不知道名字的。我要是能把见过的各式各样的植物分类，整理一下，应该是多有意义的事！"也就从这个时候起，那种不知名的水果在吴其濬的脑海里留下了一个大大的问号，使他幼小的心灵里萌生了要从事植物学研究的念头，从此，他步入了一个五彩缤纷的植物王国。

吴其濬对于研究植物兴趣极高，往往会耽误了他背诵"四书"、"五经"的时间。这可惹恼了世代官员出身的父亲。父母受封建思想的影响根深蒂固，一心指望儿子能够走仕途之路，光宗耀祖。因此对吴其濬的管教十分严格，自然会对他研究植物很不满意，认为是"玩花弄草，不务正业"，要求吴其濬专心读书，好参加科举考试，求取功名。好在吴其濬是孝子，又非常聪明，并不惧怕学习背诵那些枯燥无味的八股文章。嘉庆年间的 1810 年，21 岁的吴其濬参加全省大会考名列前茅，成为举人。又过了 7 年，他进京参加了全国的殿试，并且金榜题名中了状元，随即被任命为翰林院管修撰的官。这下让他的父母吃了一颗定心丸，不再干涉他研究植物了。吴其濬也就趁此机会，或骑马或坐船，一路尽情观赏祖国的大好河山，每当他遇到没见过的奇花异草，总会停下来认真观察，详细记录。

吴其濬别号雩娄农。雩娄是他家乡河南固始的古称，这个别号的意思就是固始的一个农民。这大概也是他在向世人表明自己立志研究植物的志向。

吴其濬在北京只当了两年官，就又被任命为广东的正考官。后来，官位越做越大，先后当过总督和巡抚，到过河北、山西、湖北、湖南、浙江、江西、贵州、福建、云南等许多地方，大半个中国都留下了他的足迹。可无论在哪里做官儿，或是从一地到另一地，吴其濬从来没有放松过他的植物学研究。也正是在全国许多地方的周游，才使吴其濬见到了更多奇花异草。他走到哪里，就研究和搜集那里的植物。由于公务繁杂，他就专门找了一些擅长绘图的人作随从，让他们把植物标本绘成图。只要他一有空，就会自己动手整理标本、绘图、研究。有时，为了搞清一种植物的生活习性，他会向一些有经验的农民和江湖郎中请教问题。

我国的中草药历史悠久，中草药里的知识内容博大精深。可当时并没有一部权威性的植物分类学专著，植物的命名相当混乱。比如同一种植物，在不同的地区可能就有好几种叫法；而有时不同地方说的同一个名字，在不同地区却是指不同的植物。江湖郎中游走各地，有时就会出现问题，不是当地没有药，就是用错了药。吃错了药不但不能治病，严重时还会丧命。吴其濬看到这些情况，决心用毕生的精力编一部最全最准确的植物学专著。

吴其濬有一种实事求是的科学研究精神。他很喜欢读书，只要看到书里记载的有关植物的内容，都会一字不差地记录下来，留作资料。他尊重前人的研究成果，可并不迷信前人。他每到一地，都会花费相当大的精力采集各式各样的植物标本。无论水里生的，还是土里长的，只要是以前没见过的，都会仔细研究，观察它的根、茎、叶、花、果实和种子。最后趁它还没有枯萎时，照原样一丝不苟地画成图，再附上详细的文字说明，保存起来，成为第一手资料。

吴其浚虽然做了大官，周游了许多地方，见过许多珍贵的植物，可是小时候吃过的那种不知名的水果，他却始终记忆犹新。二十多年以后，皇太后赐给他一筐水果，筐外面写着"蜜罗"两个大字。"蜜罗是个什么样的水果呢？"吴其浚一边心里想着，一边打开水果筐。没想到一打开，发现这里面的水果正好是他小时候吃过的那种不知名的水果。当时正是隆冬季节，吴其浚用温水浸泡那些已经冻成冰疙瘩的水果，化冻后，切开放在盘中，满屋飘香。吴其浚很是高兴：他终于知道了二十多年前，在家乡吃的一种不知名的水果名称了。可是他并不满足，因为还不知道蜜罗到底是产自哪里？他的生长有何特性？后来仔细打听，得知是福建的地方官给皇帝进贡的。以后，他被派往湖北做官，当地有人请客。在宴会上，他发现席上有蜜罗，又听说附近就有蜜罗树，立即让人带他去看个仔细，还叫人准备纸笔，认真画起图来。至于赴宴之事，早已忘到九霄云外了。

以后在江西、云南、贵州等地，吴其浚也见到了这种果树，并了解到蜜罗在云南被称为蜜筒，在贵州又被称为香橼，而实际上它们都是柑橘类水果的一种。这样，在吴其浚心里几十年的一个疑团终于被解开了。

吴其浚就这样一面为朝廷做事，一面进行自己的植物学研究。经过几十年辛勤的工作，他收集的资料装了满满几大箱。他开始准备着手系统地整理这些资料，并把它们编成一部大书。他白天处理公事，晚上伏案写作。长期的辛苦工作，使他得了重病。当时他在山西太原作巡抚，为了能在有生之年完成这本书，他给皇帝上书，请求辞官，皇帝同意了他的要求。从此吴其浚更是一心一意、集中精力写作了。吴其濬要做的事太多了，有些植物，自己从未见到过实物，没有亲自观察过、闻过、摸过，只能从别的书里转绘下来。可是他的病却越来越严重，临终前，看着凝聚着自己一辈子心血，却没有时间写完的书稿，他满含热泪地对家人说："这是我毕生的心血，一定要设法把它整理出来，这样我在九泉之下也就瞑目了……"这位具有严谨科学态度的杰出的植物学家，就这样充满遗憾地永远闭上了双眼，离开了他如此热爱的大自然，如此向往的五光十色的植物世界！这时他才58岁。

吴其濬辞世后，云南蒙自人陆应谷继任山西巡抚。对于吴其濬的才学和志向很是敬佩，他决心完成吴其濬的遗愿，承担起整理遗稿的重任。两年后，他终于实现了吴其濬的愿望，一部中国19世纪重要的植物学专著出版了。此书分为两部分，一部分名叫《植物名实图考长编》，共22卷，收集植物838种，分谷类、蔬菜、山草、石草、隰草、蔓草、芸草、水草、毒草、果类、木类等11类。主要编辑整理了经史子集四部中有关植物的文献，搜罗宏富，并引录了陆羽的《茶经》、欧阳修的《洛阳牡丹记》等文献资料八百多种，是我国古代历史文献中有关植物论述的摘要和汇总。

另一部分是《植物名实图考》，共38卷，所载植物的分布涉及中国的19个省。其中所载每种植物，大半根据吴其濬亲自观察和访问所得，附绘精图，并择要记载了植物的形色、性味、产地、用途等。对于植物的药用价值，以及同物异名或同名异物的考订特别详细，纠正了前人的不少错误。大部分植物图依据新鲜植物绘制，且图形精确逼真，能真实反映植物的特征，至今仍是研究我国植物种属及其固有名称的重要参考资料。现在许多植物定名也常常要参考它，比如八角枫、小二仙草、马甲子等植物名称，都源于这部书。《植物名实图考》是全书的核心和精华，是一部具有世界影响的植物学巨著。许多国家研究植物学和药物学的专家都十分重视这部书。德国一位植物学家曾评价它"刻绘尤极精审"。*1919* 年，当再次重印这部书时，许多外国人争相购买和从事研究。这部书不仅让我们中国人，也让外国人看到了中华民族对世界植物学所做的重大贡献。

8. 两弹元勋邓稼先

在科学技术高度发达的今天，一个国家是否拥有战略核武器已成为衡量他的国防力量的重要砝码，而我国正是为数不多的拥有者之一。中国人任人欺凌的时代结束了。我国物理学家邓稼先为原子弹的研制立下了汗马功劳。

解放前，邓稼先从昆明西南联合大学物理系毕业后远涉重洋到了美国，在印第安纳州普都大学获得博士学位。*1950* 年同二百多位中国留学生一起，冲破种种阻挠回到祖国，那时他才 *26* 岁。当这位"娃娃博士"出现在钱三强、彭桓武、王淦昌等刚从欧美各国归来的前辈面前时，大家都为中国物理学界又注入了新鲜血液而感到高兴。

1958 年秋季的一天，当时第二机械工业部的一位负责人找到邓稼先说："小邓，我们要放个'大炮仗'，这是国家绝密的事情，想请你参加，你看怎么样？"接着又严肃地说："这可是光荣的任务啊！"邓稼先心里明白，这是要让他参加原子弹的研制工作。面对这艰巨、光荣、关系重大的事情，他一时不免有些惶恐、胆怯。"啊，研制原子弹！我能行吗？"

这天晚上，邓稼先彻夜未眠。他想到自己将要从事的工作属于国家高级机密，不能告诉家人，以后不可能长年和妻子、孩子生活在一起。他有些惆怅，有些激动，对妻子怀着深深的歉意。但他想，完成这项工作，这一生该多有意义，就是为此而死也值得！"七七事变"时日本侵略军在卢沟桥的炮声，似乎还在耳边回响。一个国家没有自卫能力，必然任人宰割，老百姓没有活头。百余年来受人欺凌的祖国也要研制战略核武器了。邓稼先回忆往事，展望祖国前途，无法抑制内心的喜悦和激动。

从此，邓稼先作为一个在国内外崭露头角的优秀青年物理学家，为了这项绝密的工作而在物理学界销声匿迹了。干这项工作，一没有名，二没有利，只能甘心当无名英雄，做出科学成果也不能发表论文。

作为原子弹理论设计的负责人，他的工作是从改造荒凉的土地开始的。他报到后做的第一件事，是换上工作服当小工，同建筑工人一起挖土，推车，和泥，盖房子，核武器设计院是真真正正在他们自己手中诞生的。

在这时的中国还没有谁造过原子弹，也就无所谓什么权威。苏联又撕毁了协议，不再援助中国，专家全部撤走，国外的资料也被严密封锁。邓稼先只能先培养人才，他一面备课，一面讲。青年人叫他邓老师，他说："你们甭叫我邓老师，咱们一块儿干吧!"有时，他备课到凌晨四点多，在办公室里睡两三个小时，天亮了继续工作。每天晚上，大学生们都聚集在办公室里看书。邓稼先虽然有妻子，有孩子，但别人学到几点，他也工作到几点。每到深夜，年轻人都愿意送他回家，这时，用铁丝网围着的宿舍的大门早已关了，常常是他先爬过铁丝网，年轻人再把自行车递过去。

又是一个深夜，别人都已进入梦乡，静静的楼里只有他的脚步声。当他走进楼道时，一下愣住了——孩子居然睡在楼道里。一定是妻子上夜班，孩子放学晚没钥匙进不去门。看着孩子那瘦小的身躯缩成一团的样子，他一阵心酸，自己什么时候照顾过妻子与孩子?他打开门，把孩子抱到床上。沉重的自责使他久久不能入睡。可是第二天清晨，他又急匆匆地奔研究设计院而去，什么个人的事，家庭的事都顾不上考虑了。在那些日子里，他的全部心思都在工作上，走在路上还想着原子弹，有一次竟连人带车掉到了沟里。

……

1964 年 10 月 16 日下午 3 时，蓦地一声巨响，浩瀚的戈壁滩上冉冉升起了烈焰翻滚的蘑菇状烟云。这震撼世界的惊雷向人们宣告：中国人靠自力更生，拥有了自己的核力量！

第一颗原子弹爆炸成功之后，邓稼先激动的心情还没有平静下来，一件难度更大的工作——研制氢弹的任务又落到他和其他科技人员肩上。

寒来暑往，年复一年，他带领奋战在研究工作第一线的科技人员忘我地工作，过了整整十年的单身生活。大戈壁上的风刀霜剑，染白了他的鬓发，在他脸上刻下了深深的皱纹。最终，他们成功了。

长年累月的紧张工作，使他的健康状况愈来愈差，而他自己却从不在意，以致多次在试验现场昏倒。1984 年冬天，一次核试验前，他从帐篷出来往试验场去，步履艰难地在雪地上走着。忽然，他走不动了，对前面走的人说："你们架我一下，架我一下！"说完，气喘吁吁地趴在了别人肩上。原来，在这之前他已经腹泻了好几天。又加上患有低血糖病，平时虚脱了，吃几块糖，喝口水，又接着工作，这时终于站不住了。

这就是邓稼先，一个默默地把生命献给祖国的人。

9. 陈景润攻克哥德巴赫猜想

"自然科学的皇后是数学，数学的皇冠是数论，而哥德巴赫猜想则是皇冠上的一颗明珠！"这是一位数学老师在一次上课时在讲台上说的一段话。正是这段话引起了讲台下一位学生的深思。他立志要走进数学这座辉煌的殿堂，要亲自看到那美丽的王冠，并且摘取那颗闪亮的明珠。这位正上高中的学生，就是陈景润。

陈景润，1933年出生在福建省一个邮政局职员的家里。父亲因为工作关系，总在外面奔波。母亲是位勤劳善良的妇女，共生了12个孩子，但只有6个活了下来。陈景润在6个孩子中排行第三，上有哥哥姐姐，下有弟弟妹妹。这么多的孩子要吃要穿，像个沉重的包袱压在父亲过度操劳的背上。他们是父亲的累赘。陈景润从小就像一个不受欢迎的人似地生活在家里。他从小不爱说话，没人哄他、逗他玩时，他就喜欢一个人躲在角落里沉思。上小学的时候，瘦小孱弱的他成了别人欺侮的对象，经常挨同学的打。环境使他成为一个内向的孩子，平日里沉默寡言。他不怎么喜欢语文课，一有功夫，就喜欢畅游在数学的海洋里。

一个春天的中午，打过放学铃后，学生们拥挤着走出教室，回家吃饭。陈景润不紧不慢，走在最后。他从书包里拿出来一本刚从老师那儿借来的数学书，边走边看。他眼睛紧盯在书本上，一会儿也不舍得离开，脑子里装的都是书上的内容，别的什么也顾不上想了。那神态，就像一个饥饿的人扑到了面包上，大口大口地吞吃着。他只顾专心致志地看着书，沿着那条熟悉的道路下意识地往家走，脚底下却慢慢偏离了方向，不知不觉朝着路边的小树走去。三米，两米，一米，眼看离小树越来越近，他却浑然不知。只听"哎哟"一声，他撞到了树上。幸亏得得很慢，否则，他的额头上非撞出一个鸡蛋大的包不可。陈景润推推眼镜，点着头连连说了好几声"对不起"。他见对方没有动静，以为人家被撞疼了，生了气，抬头仔细一看，原来是棵树。"哎，怎么会走到这里来，"他自言自语地说道。然后，他又捧着书本往前走去。这一幕，被几个班里的调皮鬼看在了眼里。从此，陈景润又多了一则惹别人取笑的笑料。

陈景润升入初中时，抗日战争已经爆发，日本鬼子打到福建，他们全家随父亲逃到一处山区。那时，江苏省的一所大学也从沦陷区迁到这偏僻的山区来了。大学的教授和讲师们也在当地初中兼点儿课。这些老师都很有学问，陈景润从他们那里大受启发。抗战胜利后，他们全家回到福州。不久陈景润就进了英华书院念高中。那里有一位数学老师，使陈景润的人生道路发生了根本的转折。这位老师就是讲本文开头那段话的人，他叫沈元，曾经担任清华大学航空系主任。抗战爆发后，他逃难来到福建。就是这位航空学的泰斗，以他广博的学识、诲人不倦的精神，给陈景润向数学王冠进军的道路铺下了基石。是这位老师，使陈景润知道了什么是"哥德巴赫"，是这位老师唤起陈景润征服数学难题的决心。

建国后，才读完高中二年级的陈景润以优异的成绩考入厦门大学数学物理系。毕业后，他当过中学教师，当过图书管理员，可他心里一直装着那道数学难题——哥德巴赫猜想。他经常撰写数学论文，发表自己独特的见解。中国科学院数学研究所的华罗庚所长读过论文后，觉得陈景润是位有培养前途、值得造就的人才，就把他调到数学所当实习研究员。从此，陈景润向哥德巴赫猜想进军了！

外国人证明（1＋3）（证明过程中的一个步骤）时，用了大型的计算机。而陈景润证明难度更大的（1＋2），却完全用的是纸和笔。他用过的稿纸已无法用页数计算，装成麻袋后足以堆满一间屋子。他的论文写出来，共二百多页。由于论文要求简洁，他又开始了修改加工。这时"史无前例"的文化革命爆发了，中国的大地上，很难放下一张平静的书桌。陈景润本来就很简陋的工作条件更加恶劣了。没有书桌，他趴在床上算；吃不上热饭，就吃冷干粮，喝凉水。这样，一个瘦弱的身躯顽强地向数学高峰攀登着。终于，*1973*

年 2 月，陈景润完成了对（1 + 2）证明论文的修改。

他的论文发表后，震动了国际数学界。在那样恶劣的工作条件下，凭个人力量完成对（1 + 2）的证明，简直是个令人难以置信的奇迹。他所证明的这条定理被称为"陈氏定理"。一位外国数学家在给陈景润的信中说"你移动了群山"。是啊，没有愚公移山、锲而不舍的精神怎么能办得到呢？

现在，要摘取皇冠上的明珠只需证明（1 + 1），仅仅是一步之遥了，谁能跨越过这最难跨越的一步呢？少年朋友们，你们想知道为什么简单的（1 + 1）、（1 + 2）还需要证明吗？想知道究竟什么是"哥德巴赫猜想"吗？想跨越最后一步摘取那皇冠上的明珠吗？那么，就鼓起勇气，立下志向，去数学的海洋中搏击风浪吧！

10. 中国运载火箭之父钱学森

钱学森，我国著名物理学家、力学家、火箭专家。1991 年被国家科委评为"国家杰出贡献科学家"，受到了党和国家的最高表彰。

钱学森是浙江杭州人。1934 年毕业于上海交通大学铁路机械工程专业。1935 ~ 1938 年在美国麻省理工学院和加州理工学院航空工程系学习。1938 年获加州理工学院航空工程博士学位。

1947 年，钱学森回国，与我国著名军事战略家、教育家蒋百里的第三个女儿蒋英女士完婚。婚后夫妇二人同赴美国。钱学森先后在麻省理工学院和加州理工学院航空系任教授，兼任加州理工学院喷气推进中心哥达特客座教授。

1950 年 2 月，美国参议员麦卡锡在参议院提出了臭名昭著的"麦卡锡法案"，企图在全美煽起一股反共的"十字军运动"。此时正值朝鲜战争的激战时刻，为配合战场上的斗争，美国国内经常发生对大学和政府机构工作人员进行审查和威胁的事件。反共"十字军"运动也波及加州理工学院，该院马列主义小组书记威因鲍姆被捕。由于钱学森与威因鲍姆私交不错，因此也受到美国联邦调查局的"审查"。更令钱学森不满的是，1950年7月，美国政府取消了他参加美国军方秘密研究的资格，并指控他是美国共产党员，还犯有非法入境罪等莫须有的罪名。钱学森再也无法忍受这种污辱，决定返回祖国。

做好必要的准备之后，钱学森马上去晋见主管他的研究项目的美国海军部官员金布尔将军。他开诚布公地说道："我要辞职，准备回国探亲。"金布尔听后大为震惊，一方面好言好语地进行挽留，一方面又做好了其他"必要的准备"。他对海军部的另一位官员说："我宁可把他枪毙，也不能让他离开美国！"他认为钱学森知道的美军机密太多了，绝不能让他回到中国。金布尔马上将这件事通知了移民局。

钱学森做好了回国的准备工作，买好了从加拿大飞往香港的机票，并把行李交给搬运公司装运。正当他们全家准备离开美国洛杉矶时，突然接到了美国移民局的通知："不准离开美国！"没办法，钱学森只得又回到了加州理工学院。此时，他家日夜都有人进行监视。1950年9月6日，钱学森突然以莫须有的罪名被捕，拘留在看守所。在此期间，钱学森受到了非人的待遇，15天内体重减轻了30磅。后来他的老师冯·卡门和其他一些朋友募集了1.5万美元才把他保释出来。虽然走出了看守所，钱学森仍然没有获得正当的人身权利，移民局不允许他随便离开住宅，还定期、不定期地查问他。

钱学森后来回忆说："在回国前的那几年，我和蒋英时刻备有三只轻便箱子，装上必要的行李，随时准备回国。我们那时租的房子每次只签一年的合同，五年间我一共搬了五次家。"

　　钱学森要求回国的正义斗争，得到了党和政府的高度重视和热情支持。周总理曾多次做出重要指示，一定要让钱学森平安回到祖国。1955 年 8 月 1 日，王炳南大使在日内瓦中美大使级会谈时特别同美方提出了钱学森回国的问题。经过多次交涉，正义的斗争终于取得了胜利，美方最后被迫同意钱学森回国。

　　1955 年 9 月 17 日，钱学森和夫人蒋英带着一对儿女乘坐美国"克利夫兰总统号"邮轮离开美国，回到了阔别多年、朝思暮想的祖国。

　　回国后的钱学森将他的全部爱国热情和杰出才能都倾注在了我国的国防建设上，为我国国防事业的发展做出了不可磨灭的贡献。1991 年，党和政府授予他"国家杰出贡献科学家"的荣誉称号。这是党和国家对他个人贡献的最高肯定。他获得这一殊荣也是当之无愧的。

11. 卓越的物理学家钱伟长

　　钱伟长，中国著名物理学家，中科院院士，在力学研究上成果显著。

　　1912 年 9 月，钱伟长出生于江苏省太湖岸边的一个小村庄。父亲是一名小学教员，母亲是一个善良而又勤劳的农村妇女，整天靠挑花、糊火柴盒、养蚕来挣取微薄的收入补贴家用。钱伟长家有兄妹六人，家庭经济负担很重，很不富裕。钱伟长小时候经常和小伙伴们到处玩耍，启蒙教育并不很好，直到 9 岁时，他才有机会上学。在学校，他刻苦学习，放学后还得帮母亲挑花，挣一点上学费用。15 岁那年，父亲在贫病交加中去世了，这对于这个贫困的家庭来说更是雪上加霜，钱伟长只得弃学在家帮助母亲挑起家庭的重担。但他的一位叔父觉得他很聪明，就这样辍学在家务农太可惜了，于是资助他上了苏州高级中学。

苏州高级中学是省内很有名气的一所省立学校，课程比较全面、数学水平高。在这里，钱伟长第一次接触到了几何、代数、物理、化学和外语。由于以前根本没学过，因此最初钱伟长对这些新鲜的课程兴趣不大，成绩也不好。但学校的老师对他的要求十分严格。在老师的严格要求和同学的帮助下，钱伟长的数理化成绩在中学毕业时终于及格了。

中学毕业的那年，钱伟长凭借自己在文科方面的才华连续考取五所大学。但最后，他却选择了清华大学的物理系继续深造。入学时，钱伟长见到了清华大学理学院院长叶企孙和物理系主任吴有训。吴有训先生把他叫到跟前，不解地问道："你的数理化成绩不够好，而文科成绩却很出色，你为什么要弃文学理呢？"

在外人看来，这的确是一件很令人费解的事。但钱伟长自有想法。他礼貌地回答道："我觉得文学对付不了侵略者的洋枪洋炮。中国要富强起来，必须发展自己的科学技术。"停了一会儿，他又接着说，"我的数理化成绩虽然不好，但我有决心赶上去。"

吴有训教授理解这个年轻人的心情，轻轻地点了点头，像是同意他的看法，又像是赞许他的决心，然后温和地说："那你就先学一年看看吧，如果一年以后，你的普通物理和微积分还达不到70分，再改学文科也还来得及。"

就这样，钱伟长走上了科学技术的道路。

钱伟长懂得自己所面临的处境，他奋起直追，在科学的海洋中奋臂前进。在夜深人静的晚上，或是晨光熹微的清早，在教室的灯光下，或者在校园的路灯旁，人们总能看到这个瘦弱的年轻人的身影。一年之后，他的理科成绩终于赶了上来。

1935 年，钱伟长以优异的成绩领到了清华大学物理系的毕业证书。吴有训教授十分欣赏这个年轻人的志气和毅力，招收他为自己的研究生。1939 年，钱伟长拿到了加拿大多伦多大学的公费留学的通知书。刚到多伦多，他的导师就热情地问他："你在国内是学什么的？做了一些什么工作？"钱伟长如实答道："我是学物理的，现在主要研究板壳的统一理论。"导师一听，非常高兴，连声说道："很好，很好！我也一直在考虑这个问题。我们是不是把研究情况交流一下？"

1943 年，由钱伟长和他的导师共同署名的论文《板壳的内禀统一理论》发表在美国航空力学家冯·卡门的祝寿纪念文集上。29 岁的钱伟长的名字，与世界上很多知名学者（包括爱因斯坦等）的名字一起，同时出现在这本文集上，成为该文集最年轻的一位作者，这篇论文使钱伟长获得了博士学位。1942 年的春天，钱伟长从加拿大来到美国加利福尼亚理工大学，在著名物理学家冯·卡门领导的喷射推进技术研究所工作。在冯，卡门的指导下，钱伟长的科研水平迅速提高。

几年中，他在美国的《应用数学》季刊上连载了 12 篇新论文。国际力学界认为这是把张量分析用于弹性板壳问题上的富有成果的开创性工作。这项工作中所提出的浅壳理论的非线性微分方程组被誉为"钱伟长方程"。这一系列研究成果，奠定了钱伟长在世界力学界的地位。

面对鲜花与掌声，钱伟长并没有陶醉。他无法忘记那片养育了他二十几载的故土，总希望有朝一日回到祖国去。当他把自己的想法告诉冯·卡门时，冯·卡门立刻严肃地回答道："你是知道的，我们喷射推进技术研究所是美国极端保密的军事管制单位，他们能够让你离开吗？另外，从学术上考虑，我本人也不同意你走。"

钱伟长觉得冯·卡门说得很有道理，马上明白了自己应该怎么做。不久，他以"探亲"的名义提出回国申请，终于得到了批准。就这样，他搭乘从洛杉矶开往上海的货船，回到了久别的祖国，担任了清华大学的教授。

新中国成立后，钱伟长的研究工作迎来了春天。1954 年，他的著作《圆薄板大挠度问题》终于问世了。这是国际上第一次成功地利用系统摄动方法处理非线性方程，被公认为是最简捷、最经典、最接近于实际的解法，以至于力学家们把它称为"钱伟长法"。这一著作，使钱伟长荣获 1955 年国家科学奖。

1955 年，钱伟长由清华大学的教务长晋升为副校长，此外，他还担任了全国人大代表等二十多个职务。繁忙的行政工作并没有使他放松科学研究。1956 年，他的论文《弹性柱体的扭转理论》发表；同年，他的另一部科学著作《弹性力学》也出版了。

然而，1957 年，他却被错划为"右派"。"文革"期间，他也受到了迫害。但任何艰难困苦都没有使他放松科研工作，他的论文手稿与日俱增。1979 年是钱伟长扬眉吐气的一年，他多年的汗水终于得到了世人的承认。他连续发表了 15 篇科学论文，创造了 1946 年回国后发表论文的最高记录，

"人生的价值在于奉献，而不在于索取。"钱伟长用他的一生对这句话作了最好的诠释。无论是一帆风顺，还是身处逆境，钱伟长从未考虑过向社会索取，而是在科学征途上默默无闻地为社会、为人类奉献着。

12. 杂交水稻之父袁隆平

1979 年 4 月，地处热带雨林的菲律宾首都马尼拉远郊的洛斯巴

洛斯镇，这个国际水稻研究所所在地，正在准备召开一次重要的水稻科研会议。中国的水稻专家袁隆平因杂交稻研究成功而有特殊贡献，被邀请在会上作学术报告。

宣读完论文后，袁隆平即席答辩，有专家提问："中国杂交稻制种的异交率高，是通过什么措施提高异交率的？"袁隆平不仅听懂了那位专家用英语所提出的问题，而且用英语清楚准确地作出如下回答："第一，割叶，扫除传播花粉的障碍；第二，进行人工辅助授粉。"

中国专家的论文和即席答辩，令所有外国专家不得不表示满意和敬佩。大家一致公认，中国杂交水稻研究和推广应用居世界领先地位。

1982 年，在菲律宾国际水稻所召开的学术讨论会上，幻灯不寻常地打出"杂交水稻之父袁隆平"的字幕和他的头像，会场为之欢声雷动，不分民族，不分肤色，到会的世界各国专家学者都一致起立，向袁隆平鼓掌致意！

从此，这位享有"杂交水稻之父"的中国人，不断地被世界各国的报纸杂志介绍。连一些著名的国际水稻研究单位，也都纷纷要求袁隆平前去讲学，传授技术，进行合作研究。袁隆平和他的杂交水稻就这样从中国走向了世界。

袁隆平，祖籍江西省德安县，1930 年 9 月 1 日出生于北京协和医院。

抗日战争的爆发，迫使全家向后方逃难。童年的袁隆平看到日军的飞机，看到死伤的中国百姓，原本爱游泳的他，再也无心下河戏水了。他憎恨日本强盗，为什么中国百姓如此被人欺侮，任人宰割？为什么外国强盗能在中国如此横行霸道？在父亲的影响下，一颗爱国心深深植根于这个幼小男孩的心灵深处。

学生时代的袁隆平从不死记硬背，他喜欢思索，爱提问。在思索中加深对一些基本原理的理解，勤于用脑，善于思索，学业成绩优异，强烈的求知欲，又使他学到了不少书本上学不到的东西。袁隆平不是一个死读书的学生，他兴趣爱好广泛，还积极参加体育锻炼，尤其是游泳。1947年，17岁的袁隆平参加湖北省男子自由泳比赛获得第二名的好成绩。"干任何一件事，都需要有决心和毅力，游泳也毫不例外。"袁隆平也正是常年坚持游泳，以磨炼意志和锻炼身体。在游泳中他还曾救过溺水人。

有一次，大家一起参观园艺场，袁隆平对花、草、果、木和大自然的蓬勃生机，对春华秋实的自然规律，都产生了极大兴趣。19岁的袁隆平，义无反顾地报考并考取了重庆湘辉学院的农学系，高高兴兴地跳进了"龙门"。

1953年临近毕业，袁隆平多少次梦里梦见他留在重庆，高高兴兴地到重庆某农业科研单位去报到。最后，他却不能不响应国家的号召，党的号召：到基层去，到农村去，到最艰苦的地方去，到祖国最需要的地方去。袁隆平服从组织分配，到偏僻的湘西雪峰山麓的安口农校去教书。第一学期，学校缺俄语教师，他就教俄语，不备好课绝不上讲台。与此同时，他还在自学英语。第二年，进入遗传育种教研组，担任植物学、作物栽培、遗传育种等农业基础课和专业课的教学。在教学中，袁隆平教一门，钻一门，爱一门，在实践中锻炼了自己，做到教学相长。

1960年，罕见的天灾人祸造成了严重的粮食饥荒。袁隆平也同样无力走路，没法安睡，他不能忘记路旁饿死者的尸体，饥荒在威胁着中国，也威胁着人类。"天下兴亡，匹夫有责"，袁隆平从小在这种爱国思想熏陶下，要做一个忧国忧民、热爱祖国、有益于社会的人。在这场遍布神州大地，来势凶猛的大饥荒中，这位农业科研工作者为这沉痛的现实感到深深不安。他从此萌发坚定信念，必须要充分发挥自己的才智，用学过的专业知识，尽快育出亩产过 400 千克、500 千克、1000 千克的水稻新品种，让粮食大幅度增产，用农业科学技术战胜饥饿。

20 世纪 50 年代初期，米丘林、李森科的遗传学说在中国很盛行。袁隆平在这些无性杂交、嫁接培养、环境影响等理论指导下，培育出一批有价值的农作物新品种。比如把西红柿嫁接在马铃薯上，地上结了西红柿，地下长出马铃薯。人们对袁隆平的这些试验成果，大加赞赏，记者争相报道，他本人还出席了 20 世纪 60 年代初全国农民育种专家现场会议。

正当别人赞扬他的时候，袁隆平却对自己的"无性杂种"研究提出了疑问。这些年的试验，虽然当年结出了一些奇花异果，但不能遗传给后代。比如把月光花嫁接到红薯苗上，经过短日照处理，月光花红薯"无性杂种"苗茁壮成长，地下果然长出了红薯王，最大的一蔸重达 13.5 千克，地上结出了种子。将这些种子适时播种，地上依然长出月光花，可地下却再也见不到红薯王的奇迹了。从遗传学角度考察这些实验产生的变异，是丝毫没有意义的，它不能遗传给后代。

袁隆平认为：科学是老老实实的学问，是就是是，非就是非，来不得半点马虎和虚假，既不能被别人的赞扬所迷惑，更不能自己哄自己！

通过多年的科学实践，袁隆平对米丘林、李森科的遗传学说中的某些观点提出了怀疑，决定放弃从事多年的无性杂交试验，大胆地去探索新路子。

当时，孟德尔和摩尔根的遗传学说在中国被扣上"资产阶级反动生物学理论"之类的大帽子，受到围攻，袁隆平却认为：对于科学学派之争，不能简单化归为政治问题。他独立思考，相信事实，而不迷信权威。美国遗传学家摩尔根关于染色体变化规律的研究成果，已被科学实践和生产实践证明是符合客观事实的，特别是在指导作物育种方面，实际效果明显。袁隆平被孟德尔、摩尔根的遗传理论深深吸引着，他很想按照其理论去进行新的尝试，去闯一条自己研究水稻高产的路。

1960年7月的一天，下课铃声响过之后，袁隆平来到早稻试验田边，观察着这些正在苗壮生长的早稻。突然他发现了一株形态特异"鹤立鸡群"的水稻植株。这些植株株型优异，穗大粒多，袁隆平几乎兴奋地快要喊出声来，他认为这可以成为好的育种材料。他如获至宝般照管着这株禾苗，等到收获季节收回了一把金灿灿的种子。

第二年春天，袁隆平满怀希望地将这些种子播撒、耕种，可是结果却令人失望：秧苗高矮不齐，禾苗抽穗、扬花、灌浆、成熟期很不一致，没有一株性状超过它们的亲代。

袁隆平很懊丧，可他赞成这样一个公式：知识＋汗水＋灵感＋机遇＝成功。坐在这些分离退化植株的旁边，袁隆平没有被这个失败的实验吓退，他决定再等待机遇，再去找新的材料培育。正要准备离开这些植株时，他突然意识到这些植株可以断定是"天然杂交稻"的杂种第一代！

"机遇宠爱有心人"，袁隆平高兴得像孩子似地跳了起来。他返回田间，再一次仔细分析，调查这些植株的部分性状，详细记载，回到宿舍反复统计运算，证明完全符合孟德尔的分离规律。

善于思考的袁隆平死死抓住"天然杂交稻"这个金子般的宝贵概念不放，追根究底，为自己的研究课题寻找契机。

袁隆平经过反复思考，加之借鉴先进国家的经验技术，选择了一道世界公认的难题去解决。他经过周密、严格的思考，设计了世界上第一个"三系法"杂交水稻的理论，并决定付诸实践。经过长期辛苦的实验研究，袁隆平终于在杂交稻研究中做出特殊贡献，获得"杂交水稻之父"的称号。

从 1979 年起，随着中美关系大门的打开，袁隆平与杂交水稻的消息迅速传到了美国。袁隆平开始了多次赴美传授、转让他的杂交水稻技术。他被美国专家评价为"把西方国家抛到后面，成为世界上第一个成功利用了水稻杂种优势的伟大科学家"。为了促使两国杂交稻研究的深入发展，1994 年 9 月 10 日，中华人民共和国农业部和美国得克萨斯州水稻技术公司正式签订并批准了共同开发研究杂交水稻的协议。从此，杂交水稻走向世界又迈出了新的步伐。

1981 年，袁隆平因籼型杂交水稻，获国内第一个特等发明奖。

1985 年 10 月 15 日，在中国北京，袁隆平获联合国世界知识产权组织颁发的发明和创造金质奖章和荣誉证书，被誉为"杰出发明家"。

1987 年 11 月 13 日，在法国巴黎，袁隆平获联合国教科文组织 1986 年~1987 年度科学奖。这是中国专家首次获得的等级最高的世界性嘉奖。

1988 年 3 月 14 日，在英国伦敦，袁隆平获国际让克奖的奖章、证书和奖金 2 万英镑。这项奖励两三年颁发一次，奖给在粮食食品和光学研究方面有突出贡献的世界各国科学家。

1993 年 4 月 14 日，袁隆平因为解决全人类饥饿问题所作出的杰出贡献，获美国菲因斯特"拯救饥饿奖"，奖金一万美元。

1995 年 10 月，袁隆平获联合国粮农组织设立的"粮食安全保障荣誉奖章"。这是联合国成立 50 周年之际，世界粮食组织奖励为世界粮食生产作出突出贡献的科学家而设的奖励，全世界获此殊荣的仅6人，袁隆平成为亚洲的唯一获奖者。

随着杂交水稻在世界各国的试验育种，杂交稻已引起世界范围的关注，袁隆平也因此获得了许多的大奖。可是他并没有被这些荣誉淹没，仍然在他的研究所里，一步一个脚印地、实事求是地继续进行着他的杂交水稻研究，继续为解决人类的饥饿问题奉献着自己的力量。

13."抗非英雄" 钟南山

钟南山，中国工程院院士，他是近十几年来推动我国呼吸疾病科研与临床医疗走向世界前列的杰出领头人之一。

2003 年新年刚过，一场突如其来的灾难向人们悄悄袭来。从天而降的疫情让所有的人猝不及防，一时谣言四起，有关广州流行夺命肺炎的传说迅速传播，一时间整个广州城人心惶惶。广东省卫生厅紧急召开新闻发布会，中国工程院院士钟南山出现在这次会议上，他以学术泰斗的权威身份和从容笃定的自信，赢得了人们的信赖。他的这次露面帮助政府维护了社会理性和稳定。随着病情的愈演愈烈，大批的医护人员纷纷倒下，"非典"极强的传染性让许多人谈非色变，唯恐避之不及。此时钟南山却做出了一个让人吃惊的决定，他主动向省卫生厅请战，要求把最危重的病人全部集中到他的研究所来。这淡淡的一声，无异于平地惊雷般的"向我开炮"。他说："在我们这个岗位上，做好防治疾病的工作，就是最大的政治。"

*5月28*日，钟南山应邀在全美胸肺学会（ATS）上作了《中国重症急性呼吸综合征（SARS）发病情况及治疗》的专题学术报告，他专业、开放、实事求是的态度，有理有利有节的辩论风格，引起美国主流媒体的关注。著名的CNN电视台在《今日美国》中评论

"中国的 SARS 发病率已经明显下降，令人鼓舞"。钟南山的努力，使国际社会对中国疫情有了一个客观公正的认识。

钟南山不仅医术精湛、医德高尚，他尊重科学、实事求是、敢医敢言的道德风骨和学术勇气更令人景仰。他不唯上，不信邪，敢担责任。紧要关头，他勇敢地否定了有关部门关于"典型衣原体是非典型肺炎病因"的观点，为广东卫生行政部门及时制定救治方案提供了决策论据，实践证明钟南山据理力争是有科学依据的。广东省决策层采纳了他的意见，并坚持和加强了原来的防治措施。钟南山领导的课题组提出了一套行之有效的救治方法，大大提高了广东地区"非典"危重病人的成功抢救率，降低了死亡率，且明显缩短了病人的治疗时间。世界卫生组织派出的专家组认为：以钟南山为首的广东专家摸索出来的治疗经验，对全世界抗击非典型肺炎有指导意义。

钟南山对医学认真负责的态度让患者敬佩不已。8 年前，阿琼反复咳嗽、气喘，吃了很多药也不行，病越来越重，后来慕名找到了钟南山。根据阿琼的病史和症状，钟南山给她做了哮喘检查，结果呈阳性，一般而言，诊断应该已经明确，剩下的就是对症下药了。而钟南山却不放心，继续细心地观察了一段时间，终于从一个细微的症状里发现了新问题，怀疑是气管肿瘤。为确诊，钟南山亲自为她做了支气管纤维镜检查。病情得到证实后，钟南山又亲自安排了医生手术，术中一看，好险，那隐蔽得很好的肿瘤竟已堵住气管的五分之四，什么时候堵满了，阿琼什么时候就没了。阿琼深情地说："钟教授的过人之处岂止在于他的医术，他对病人的高度责任心和对病人的爱心，同样常人难及。"

钟南山是一个求实严谨的科学工作者。早在留学英国的时候，他决定开展关于吸烟与健康问题的研究。为了取得可靠的资料，他让皇家医院的同事向他体内输入一氧化碳，同时不断抽血检验。当一氧化碳浓度在血液中达到 *15%* 时，同行们都不约而同地叫嚷："太危险了，赶快停止！"但他认为这样还达不到实验设计要求，咬牙坚持到血红蛋白中的一氧化碳浓度达到 *22%* 才停止。实验最终取得了满意效果，但钟南山却几乎晕倒。要知道，这相当于正常人连续吸 *60* 多支香烟，还要加上抽 *800cc* 的鲜血。

从医以来，钟南山先后取得了国家、省市各级科研成果 *20* 多项，其中国家级科技进步三等奖一项，部省级科技进步二等奖各一项，三等奖一项，在国内外医学杂志发表论文 *70* 多篇。他和他的同行们在这个专业的突出贡献，奠定了我国呼吸疾病某些项目的研究水平在亚太地区的领先地位。用"著述等身"、"声名显赫"来形容钟南山的成就一点也不为过。但这位 *68* 岁的老人，他仍然对事业保持着炽热的追求，在科学的殿堂上坚持创新、永不停步。

多年来，钟南山"奉献、开拓、实干、合群"的精神被同志们亲切地誉为"南山风格"。*1997* 年 *1* 月 *15* 日，中共广州市委授予他"模范共产党员"的称号。*2003* 年，作为中国抗击非典型性肺炎的领军人物，在非典型肺炎猖獗的非常时期，钟南山不但始终在医疗最前线救死扶伤，还积极奔赴各疫区指导开展医疗工作，倡导与国际卫生组织之间的密切合作，因功勋卓著，荣获全国"五一"劳动奖章，同时被广东省荣记特等功，被广州市授予"抗非英雄"称号。*2004* 年 *4* 月 *8* 日，又被授予国内卫生系统的最高荣誉称号——白求恩奖章。

14. 走在世界前沿的黄伯云

黄伯云，*1980 - 1986* 年在美国爱阿华州立大学获硕士、博士学位，随后进入美国田纳西大学和橡树岭国家实验室从事博士后研究工作，*1988* 年回国。*1997* 年 *7* 月出任中南工业大学校长，*2001* 年 *12* 月任中南大学校长。*1999* 年 *11* 月当选为中国工程院院士。*2005* 年 *3* 月，国家主席胡锦涛亲自将连续 *6* 年空缺的国家技术发明一等奖授予黄伯云，以表彰其对"高性能炭/炭航空制动材料的制备技术"的发明工作所做的杰出贡献。

1964 年，来自洞庭湖畔的黄伯云以优异成绩考入中南矿冶学院特种冶金系，迈出了成就科学家梦想的第一步。可是大学才读了一半，"文化大革命"开始了。他渴望读书，渴求知识，但又怕打成"白专"典型，只好躲进图书馆、躲到校园后的岳麓山、躲回老家去读点书。*1969* 年毕业后，留校从事科研和教学。当时，他选择稀土磁性材料为研究方向。这项研究不仅具有重要的理论价值，而且对国家的经济建设和国防事业有着十分重要的实用价值。他与同伴们克服了条件差、经费不足等困难，日夜奋战，主持研制了钐－钴和铈钴铜铁粉末冶金材料，并成功应用于我国人造卫星的关键通讯器件中，受到中共中央、国务院、中央军委的嘉奖。

科研的首次成功，不仅使黄伯云从此与新材料结下了不解之缘，而且增添了他献身祖国科技事业的信心和决心。*1978* 年，他以学校总分第一名的成绩考取出国研究生，经过一年多的培训后，于 *1980* 年留学美国。在美国的 *8* 年里，他先后完成硕士、博士和博士后的学习，相继发表 *10* 多篇有重大影响的学术论文，受到美、日、法等国科学家的高度评价。*1988* 年，黄伯云完成博士后研究工作后，美国一些大公司、大学和科研机构争相高薪聘请他去工作，并许诺帮他及全家拿到"绿卡"。当时，他的妻子和女儿都到了美国，女儿渴望继续在美学习。面对着祖国和个人利益的选择，黄伯云说："我的根在中国！"*1988* 年 *5* 月，黄伯云义无反顾地回到岳麓山下的母校中南工业大学。

回国后，黄伯云把研究目标锁定在当今世界航空制动领域最先进的材料——炭/炭航空制动材料的研制上。飞机的起降和滑行离不开刹车副。目前，国际上使用的航空刹车副有金属盘和炭/炭盘两种，用炭/炭复合材料制造的炭盘，具有重量轻、性能好、耐高温、寿命长等特点，使用寿命是金属传统材料的 4 倍，重量是金属传统材料的 1/4，被西方国家称为"黑色的金子"。20 世纪 80 年代中期，美、英、法 3 国已生产出该材料，垄断着生产制备技术。多年来，我国大量的飞机依靠进口。这些飞机所采用的炭/炭复合刹车装置是消耗性器材，全部依赖进口，每年国家要花费大量外汇，而且还得受制于人。

尽快掌握高性能炭/炭航空制动材料的制备技术，成为国家急需解决的重大技术课题，也牵动着中南工业大学一批教授、专家的心。1986 年，当时的中南工业大学粉末研究所就着手这一重大技术的准备工作。

黄伯云率领的课题组成员咬紧牙关，查阅了大量的与炭/炭复合制动材料密切相关的文章、资料。当时，世界制造炭/炭复合材料的生产都是采用均温式炉。炭/炭复合材料的工业生产实验炉，究竟是采用均温式炉，还是梯度式炉？均温式炉，设备简单，沉积速度慢，已经明显落后，但它是一项成熟的技术。热梯度炉，当时只能应用于航天制动材料，不能用于生产航空制动材料，但它容易应用于工业生产，采用它，存在巨大风险。经过反复的权衡，黄伯云觉得作为一个科技工作者，应该以国家利益为重，抛开个人得失，敢于为祖国的强大进行技术创新！他说："发现人家的技术并不是最先进的，还要跟着人家后面走，即使成功了，只会永远落后。为了国家，我们要敢于技术创新，敢于冒险，即使失败也在所不惜。"

到了 1996 年，经过无数次试验，黄伯云们终于完成了"高性能炭/炭航空制动材料制备技术"的实验室基础研究，但他并不满足。在黄伯云看来，科研成果只有转化为产品，真正地为国家所用、为人民造福，科学家才是完整意义上的科学家。

从实验室到工业化试验，从小样品到大样品，课题组必须付出更多的智力和精力，经历更加艰难的实验过程。2000 年 9 月，在模拟飞机多种着陆状态过关后，中止起飞试验中刹车片温度急剧升高，摩擦系数下降得很厉害，课题组在最后关头的试验失败了。实验失败后的那段时间，被黄伯云称作是最黑暗、最痛苦的日子，但他很快就从失败的阴影中振作起来，他意识到，这个试验的意义并不在于个人的成败得失，更重要的是国家航天航空战略安全的需要。一遍遍地推倒重来，一项项检查、一点点琢磨，改进工艺、添加新的材料……1 年多后，成功终于降临，黄伯云终于让无数个看不见、摸不着的碳原子听从指挥，有序排列，形成了完整的"高性能炭/炭航空制动材料的制备技术"。

2003 年 9 月 20 日，大型民用飞机上的试飞试验全部完成，中国飞机依赖进口刹车片才能"落地"的历史被改写了。与国外同类产品相比，中南大学研制成功的炭/炭刹车副使用强度提高 30%，耐磨性提高 10%，综合成本降低 21%。而且在此过程中，共形成 11 项国家专利，其中已授权 9 项，同时研发了拥有自主知识产权的 6 大类30 多台套成套关键工艺设备。

15. 学贯中西的大科学家徐光启

徐光启（1562~1633）字子先，号玄扈，上海人。徐光启以其毕生的精力推动中国科学的进步，推动中西文化的融汇与交流，殚精竭虑，鞠躬尽瘁。他在天文学、数学、农业科学、机械制造、军事学等领域都卓有建树。他的《农政全书》，与李时珍的《本草纲目》、宋应星的《天工开物》、徐弘祖的《徐霞客游记》，同为明末科学的四大高峰。这样一位献身科学的伟人，是怎样确定自己的人生道路，又是如何在科学的险径上艰难攀登的呢？

少小游学，志在天下

关于徐光启的祖先，由于流传下来的材料有限，我们知道的不多。相传徐光启的先世是在中州人，也就是今天的河南一带人。他的高祖徐竹轩是个家世清白的秀才，从这一代始迁居沪上。到他的曾祖徐殉的时候，家道中落，靠务农为生。徐光启的祖父徐绪弃农经商，家境日渐富裕。徐绪去世较早，家政遂由祖母尹氏主持，请来内家兄弟尹某经商，并为长女择婿俞氏，产业居然不断发展，比徐绪时扩大了十倍，使他的父亲徐思诚可以专心读书。徐思诚大约在十七八岁时结婚，夫人钱氏也是读书人的女儿。嘉靖年间，倭患甚烈。一些日本商人勾结武士和浪人，到中国沿海各地，或直接进行掠夺，或者用走私的手段窃取中国的财货。上海地当东南沿海门户，更是在所难免，屡遭洗劫。据史书记载，从嘉靖三十二年到三十五年的四年间，倭寇多次犯上海，大肆抢掠，其状惨不可言。为逃避倭寇，徐光启的祖母和母亲四处流离，徐思诚被派为大户，参加地方政府组织的抗倭武装。徐家产业也蒙受了损失。此后，经过数年的经营，家业又有恢复。尹氏便把家产一分为三，徐氏和尹、俞两家各得其一。不幸的是析产之后徐家又遭了窃贼，加之徐思诚不善于理财，又生性乐善好施，家道迅速中落，最后竟到了出卖田宅的地步。1562 年徐光启的出生，给这个处在困厄中的家庭带来了新的希望。

在徐光启的幼年时代，由于家境贫困，他的祖母、母亲无论寒冬酷暑，日夜纺织不辍，以维持生计。连他的父亲也不得不课农学圃，下田耕作，以图自给。上海本来就是广原腴壤的富庶之地，资本主义萌芽最先在这里产生，农业、手工业和商业发展较快，民风也比较勤劳。徐光启生长在这样的环境里，一方面亲眼目睹家人们辛苦劳作，一方面也免不了亲自动手做些辅助劳动，这对于养成他日后勤劳、节俭的性情大有好处。他对农事园艺的兴趣，也应该是这个时候发生的。徐光启年幼时，倭寇来犯的事仍时常有之。他的母亲经常对儿辈回忆当初避倭的情形，并议论御倭措施的得失。他的父亲参加过抗倭斗争，结识了许多名将奇士，闻知一些战守方略，并通晓阴阳、医术、星相、占候、释道之书，且喜语旧事。耳濡目染，也在徐光启幼小的心灵里播下博学强记、留意兵事的种子。徐光启七岁时便到龙华寺的村学读书。少年徐光启身材矫健，活泼好动。一次，他爬上龙华寺的古塔捕鸽子，偶一失足，旁观的人失声惊叫，他却若无其事，举着鸽子说："你还能在塔顶飞来飞去，惹得我想了好几天吗？"他还曾爬到塔顶，与鹳鸟争得地方，端坐在顶盘中，对下面的人嬉笑自若，浏览四周风物，像是神游云霄。但不同于一般顽皮儿童的是，少年徐光启便怀有远大的志向。有一天，老师外出，同学们畅谈自己的抱负。一个讲长大后要做富翁，另一个讲想当道士。徐光启说："这些都不值得做。说到做人，应当立身行道，治国治民，崇正辟邪，不可枉活一世。"那时，读书人都是走的科举的路子，徐光启也不例外。他的主要功课是诵读"四书"、"五经"的章句，学作八股文、律诗，练习写字。因他聪敏好学，章句、帖括、声律、书法的成绩都很好，甚至塾师出题作文，他也能不假思索，出口成章。后来他又师事当地的著名学者黄体仁，钻研心性之学。此外，他也常读些兵法方面的书籍。

1581 年徐光启 20 岁的时候，考取了金山卫的秀才，并于同年娶吴氏为妻。依照当时社会的风俗，考中秀才之后，可以从县学中得到一定的钱粮资助，同时也可以找个村学或家馆去教书。徐光启因家境贫寒，除了应付县学的作业之外，便开馆授业，教授里中子弟，以便挣些银两贴补家用。课余，他常到田间参加一些农业劳动。由于从小就接触农事，徐光启表现出非凡的经营才干。他看到有几小块荒芜废弃的空地，便动手稍加整治，种上柳树，然后卖柴取利。看到家乡时常遭受水患之苦，大雨一降，禾苗被毁，屋宇坍塌，饿殍遍野，徐光启开始留意水利，对农田水利的利弊，不断周咨博访。这些活动为他日后研究农学打下了坚实的基础。

徐光启的科举之路并非一帆风顺。他曾多次参加乡试，都未能考中举人。其中最为艰难的是 *1588* 年（万历十六年）那一次。其时徐家生活十分拮据，他的母亲为供养老小，劳作一天之后居然没吃上一口饭，最后从篱笆上摘了一只王瓜充饥。9 月徐光启与友人结伴往太平府赴乡试，因囊中羞涩，乘不起车马，只得挑着行李，趟着积水，从句容沿江步行百余里到太平。这次应考失败，使徐光启有淡然名利之志。正是备尝了这种穷困与艰辛，才使得徐光启日后做了高官仍自持俭约，不去贪图个人享受，而是专心致力于科学研究。这个时期徐光启虽屡试不中，可学问却大有长进，人称其"少年以文章名天下"。像徐光启这样怀抱真才实学，却难以通过乡试，足以说明科举取士的制度到了晚明已走上了衰败的末途。当时的考试内容纯为章句之学，只注重空洞的词藻和繁琐的格式，忽视实际内容，自然难以发现和选拔真正的人才。到了晚年，徐光启还对此感触良深，批评八股文"直是无用"，称科举为"爬烂泥路"，虚掷光阴。

在徐光启 *31* 岁那年，他的母亲钱氏去世了。第二年，徐光启应他人之邀，远行广东韶州教授家馆，开始了"经行万里"的旅程。徐光启南行之际，西方传教士已经叩开中国的大门，在中国的南方进行宣扬基督教的活动，因此他同西方传教士有了初步的接触。利玛窦是最早深入中国内地传教并取得成功的耶稣会士。这个来自意大利马塞拉塔城的传教士，于1582年（万历十年）抵达澳门，第二年到端州。在此地利玛窦潜心学习汉语，钻研六经子史等书。后行迹遍至肇庆、韶州、南昌、南京等地。徐光启在韶州教书期间，一次偶然到城西的教堂，没有见到已经北上的利玛窦，却与接替利玛窦主持堂务的郭居静谈得很融洽。这是徐光启与西方传教士的第一次直接接触，萌生了对传教士和西学的好感，由此开启了与传教士长期合作共事的先河。

1596年（万历二十四年），徐光启应担任浔阳知州的同乡赵凤宇的约请，由韶州移住浔州，教授赵氏家馆。几年之内，徐光启由上海到广东，又由广东到广西，长途旅行，饱览山川形胜，阅历越来越丰富，文章也写得越来越好，尤其擅长说理和抒情。当然，一个穷书生长途跋涉，其情形也是够狼狈的，衣衫褴褛，全靠自己缝缀。次年春天，徐光启远上北京，参加顺天府的乡试。这次他不但考中了，而且还被取了头名解元，名声大振。说起这次考中，应当庆幸徐光启遇上了名重一时的大学者焦竑。据说，初判时徐光启仍是名落孙山。到发榜前二日，主考官焦竑还为没能发现可取为第一名的人选叹息，当他看到从落选试卷中选送的徐光启那一件，不由击节赞赏，认定此为名士大儒，拔置第一。此番中举，既靠徐光启平素博览群书，好学深思，凡六经百家之书，无不遍读，能写出文辞宏美、义理精深的好文章，也多亏焦竑慧眼识人，全力举荐。此后，徐光启一直视焦竑为恩师。中举之后，徐光启留在京师等候会试。1598年（万历二十六年）会试，徐光启未能考中进士，于当年4月离京返乡。这一年徐光启已经37岁，却在科举的泥路上滚爬了20多个春秋。

翻译西学，会通中西

徐光启回到家乡继续以教书为业，同时更加刻苦地读书学习。这个时候的徐光启，对背诵章句已没有多少兴趣，而把关注的焦点转移到现实生活方面。他广泛阅读古今经史和科学典籍，研究历代王朝政治的成败得失，寻找富国强兵的良方。他在写给老师焦竑的信中说到自己的心情。他说自己因感愤故里屡遭倭寇蹂躏，生灵涂炭，故于六经子史以外，也常研习兵法和农学。看到国家比南宋灭亡时还要衰弱十倍，因此每每对人谈论富国强兵的方略。他认定，只有重视农业才能使国家富足，只有整饬军备才能使国家强盛。关于徐光启的这段读书生活，与他一同读书的程嘉燧曾有生动的记载："那时他们住在山中的一间小屋子里，书案旁边的瓦罐里只有米粥用以果腹，即便生活条件这样艰苦，他们却每天咀嚼诗书之精华，畅饮文章之美醪，抚琴吟唱，十分快乐。"

因为事先看到了利玛窦在肇庆绘制的《山海舆地图》，对上面提供的经纬度、赤道、五带等地球知识饶有兴趣，又仰慕利玛窦的学识和为人，徐光启于 1600 年（万历二十八年）到南京拜访了利玛窦，聆听他的议论，对他的博学多识留下深刻的印象。不久，利玛窦前往北京向万历皇帝贡献方物。徐光启回到上海，继续教书和读书，并先后写下了《毛诗六帖》、《渊源堂诗艺》、《芳蕤堂书艺》、《四书参同》、《方言转注》、《读书算》、《赋圃》等经学、书法、小学、诗艺方面的著作十余部。1603 年（万历三十一年）的秋天，徐光启再往南京访利玛窦，因后者居留北京不遇，遂与主持南京教堂的郭居静、罗如望两人晤谈。他读了《天主实义》、《天主教要》等传教著作，听罗如望讲了《十诫》等天主教的基本教义，观看了宗教仪式，决意受洗入教，并取了教名"保禄"。徐光启皈依天主教有多方面的原因。明中期以后，由于封建皇帝的提倡和庇护，佛教和道教大行其道，泛滥成灾，造成了学风的空疏败坏。士大夫往往标榜清流，束书不观，空谈竟日，视实务为浊为俗，不思如何能对国计民生有所建树。出身寒素而又饱经忧患的徐光启对这种现象极为不满，天主教的传入使他产生了一种期冀，以为可以用天主教印证儒教，补益王化，救正佛法，即所谓的"易佛补儒"。西方传教士传授的科学知识对历来学主实用的徐光启也产生了极大的吸引力，他觉得入教或许对学习和掌握西方科学技术知识能有所裨益。徐光启入教以后，开始了与传教士合作翻译西书，把西学介绍到中国的事业。不过徐光启受洗入教，也抬高了天主教的身价，扩大了天主教的影响。此后，他与李之藻、杨廷筠并称东南地区的"天主教三大柱石"。

1604 年（万历三十二年）春，徐光启再度赴京参加会试，终于考中第八十八名进士，并被考选为翰林院庶吉士，进入翰林院学习。当时的翰林院庶吉士，大概相当于今天的科学院研究生，是朝廷着意培养的高级人才。翰林院的馆课主要是经史制艺对策之类。徐光启除了学习馆课而外，还读了一些时务书籍。为了集中精力攻读实用之学，他放弃了对诗词书法的爱好，专心致志地研习天文、兵法、农事、水利、工艺、数学等自然科学。他利用做馆课的机会揭露了一些社会弊端，提出了自己的兴革主张。如他在《题陶士行运甓图》诗中写道："典午朝臣鲜尚宾，竟以旷达相矜夸。娓娓玄谈未终席，纷纷胡骑乱如麻。白玉麈尾黄金埒，甕间酒龙声嗑嗑。谁使神州陆沉者，空复新亭泪成血。"诗中借东晋君臣空谈误国的旧事，讽喻当时弥漫于学坛的空疏之风。

流传至今的徐光启馆课作品中，《海防迂说》、《漕河议》、《处置宗禄查核边饷议》、《拟上安边御虏疏》四篇文章，集中反映他在政治、经济、军事等方面的改革思想。《海防迂说》针对倭寇为害东南海疆的现状，考察了倭患的发展历史和沿海富商豪族与倭寇勾结的情况，提出"官市不开，私市不止"的见解，主张正式与日本通商。这样，一来可以使中国的丝帛等货物找到市场；二来掌握了主动权，日人来市则予之，来寇则歼之；三来可随时绝市，制御倭寇。《拟上安边御虏疏》则主要是针对北部边境来自鞑靼、瓦剌等部族的威胁的。疏中提出了一套练兵筹饷的办法，包括战略上先求可以守，次求可以战，再求可以大战；人员上选练十万精兵，作为野战的主力；战备上务农贵粟，实行屯田等等。《处置宗禄查核边饷疏》指出宗室俸禄已成为国家财政的巨大负担，建议把实物俸禄改为封给土地，使其"自生粟帛而衣食之"。《漕河议》提出南粮北运，糜费巨大，应该把黄河、淮河的水用来种植谷物，减轻漕运负担。治理运河，应当以科学测量为依据，根据地形水势加以疏导。徐光启的这些建议，虽不乏真知灼见，但并未受到统治者特别的重视。

就读翰林院期间，徐光启与客居北京的利玛窦交往甚密。他时常布衣徒步，前往利玛窦邸舍问学。利玛窦还在罗马时，就师从天主教的著名学者克拉维神父，学过数学、地理和天文学方面的知识。到达中国后，他发现这个古老的东方国家地广物丰，人口众多，文化传统历史悠久，博大精深。他感到在中国传教，如果采取在其他地区惯用的强硬方式，恐怕难以奏效，于是转而推行一种学术传教的路线，主动地介绍一些西方的科学知识到中国。他先是用三棱镜、自鸣钟、日晷仪之类的精巧玩意唤起高官名士的好奇，接着又绘制了《万国舆地图》，介绍西方天文学知识。徐光启在与利玛窦的交谈中，一再要求与之合作，把后者从罗马带来的西方科学书籍翻译成汉语，以便更多的人能够学习。在徐光启的请求下，大概从 1605 年（万历三十二年）到 1606 年（万历三十四年）间开始，两人开始合译西方数学的经典著作，即欧几里得的《几何原本》。

为什么首先选择《几何原本》进行翻译呢？徐光启自己曾作过解释。他认为，数学作为一门最基本的学问，就好比木匠的斧头和尺子，是不可缺少的工具。而《几何原本》又是数学的本原。它可以"穷方圆平直之情，尽规矩准绳之用"。其中的公理、公设虽不以直接以具体事物为对象，但它所蕴含的道理却是一切科学技术必须遵循的。他借用前人"鸳鸯绣出从君看，不把金针度与人"的诗句，称"金针度去从君用，未把鸳鸯绣与人"，而《原本》就是能绣出千百种鸳鸯的金针。因此，"举世无一人不当学"，而且"百年之后必人人习之"。这就表明徐光启对自然界的一切事物都表现为一定的数量关系的原理，和《原本》所体现的形式逻辑的思维法则，有了比较清楚的认识。徐光启为翻译《几何原本》付出了艰巨的劳动。

他每天下午三四点钟前往利玛窦寓所，由利玛窦口授，他负责笔录。翻译中反复推敲，务求译文准确，文词通畅。当时杨廷筠、李之藻、叶向高、冯应京、曹于汴等著名学者，也参与了讨论，质疑辩难，互相切磋。经过前后三次修订，到第二年春天，终于译成了《几何原本》前六卷。即使按今天的标准看，这次翻译也是非常成功的。徐光启在译书过程中创立的一套几何术语，如点、线、面、直角、四边形、平行线、相似、外切等，一直被沿用下来。

《几何原本》译毕付梓，徐光启又与利玛窦用同样的方式译出了《测量法义》初稿。徐光启历来重视水利，这时也向利玛窦询问西方水利设施和器械的情况，并从中受到启发。徐光启的好友李之藻曾从利玛窦学习天文学，并运用西法进行实地测量，写成了《浑宪通盖图说》一书。徐光启亦参与了此书的修订。1607 年（万历三十五年）4 月，徐光启结束了翰林院为期三年的学习，授官翰林院检讨。5 月，其父徐思诚病逝，徐光启按惯例归籍守制，回到上海。

守制期间，徐光启仍致力于科学研究和农学试验，他把已经译成的《测量法义》加以整理，删削定稿。随后，又相继撰成《测量异同》和《勾股义》。这三种书，都是对《几何原本》的发挥和应用。在这几种书里，徐光启运用西方几何学的原理，对传统数学的经典著作《周髀算经》、《九章算术》进行整理，发现传统数学的缺陷是"只言法，不言义"，即只讲求解的方法，不讲为什么这样求解，从而初步揭示了传统数学作为经验型科学的本质特征，并由此萌生了创立"有理、有义、有法、有数"的科学体系的强烈愿望。当然，作为一个讲求实际的科学家，徐光启的研究和著述，绝不单纯是为了满足自己的求知欲望，更是为了指导改造自然、征服自然的实践活动。正像他在《勾股义序》中所说的，"西北治河，东南治水利，皆目前救时之至计。……此法终不可废"。这些西方科学的成果，在生产实践中可以发挥作用，产生效能。在此前后，徐光启还帮助李之藻把根据克拉维《实用算术纲要》翻译的《同文算指》整理成书。

1610 年（万历三十八年）10 月，徐光启守制期满，回到北京，恢复翰林院检讨原职。此前，徐光启曾经计划与利玛窦共译水法书，但当他回到北京时，利玛窦已于当年 4 月去世，因而改请传教士熊三拔口授。起初熊三拔表现出为难的神色，经徐光启一再敦请，两人才动手翻译。这次翻译没有采取照本直译的做法，而是结合我国已有的水利工具，只选译其中比较实用和确实先进的部分，一边译书一边试验，把制器和试验的方法与结果都记录下来。《泰西水法》一书具有极强的实用性和可操作性，对发展农田水利事业很有指导意义。为了呼应日益高涨的改历舆论，徐光启还把昔日听熊三拔讲授简平仪构造与用途的笔记加以整理，编成《简平仪说》刊行。

以徐光启翻译《几何原本》、李之藻编译《浑宪通盖图说》为发端，在晚明的学术界，翻译西方科学书籍成为一时盛事，较有代表性的还有焦勖译《火攻挈要》、王征译《远西奇器图说》等书。此外，当时还译介了一批欧洲宗教、哲学、逻辑学、语言学等方面的书籍。自唐代大规模翻译佛经以来，这是中外文化交流史上的第二次译书高潮，而此次译书涉及的领域之广，科学意义之大，又是第一次译书高潮无法比拟的。它在较高的层次上实现了中国和欧洲两大文化体系的融汇与交流，使中国文化初步纳入了世界文化发展的体系，为中国科学文化的发展注入新的活力与生机。徐光启运用西方科技解释农业生产，把传统农学理论进一步系统化，有相当高的水平。不过，它们还停留在以比较抽象的哲理来阐释农业生产现象，当时仍缺乏显微镜一类科学观察实验手段，难以深入探索农业生物内部的奥秘，形成建立在科学实验基础上的理论，这就不能不妨碍我国农学以后的进一步发展。

　　纵观我国古代农书，在卷帙浩繁、体裁多样、内容丰富深刻、流传广泛久远等方面，远远超过同时代的西欧。这是我们的祖先给我们也是给全人类留下的宝贵遗产。

　　下面将分别对我国古代农学体系的主要内容加以介绍。

　　土地利用"广种不如狭收"

　　土地利用是农业技术的基础，扩大农用地面积和提高单位面积农用地的产量（即土地生产率），是发展农业生产的两条途径。随着人口的增加，中国历代都在扩大耕地面积和农用地范围，但各个农业经营单位在考虑它的生产方针时，总是把重点放在提高单位面积产量上。起码战国以来就是这样。战国初年李悝（亏）为魏相，颁行"尽地力"的教令，指出治田勤谨还是不勤谨，每亩将增产或减产三斗，在方百里可垦田600万亩的范围内，粮食总产的增减达180万石，幅度为20%。"尽地力"，用现在的话来说就是提高土地生产率。荀子也认为，如好好种地，可以亩产"数盆"（盆是量器，合一石二斗八升），等于一年收获两次，潜力很大。

要通过提高单产来增加总产，就不能盲目地扩大经营规模。历代农学家无不提倡集约经营，少种多收。如贾思勰认为，"凡人营田，须量己力，宁可少好，不可多恶"（《齐民要术》）。陈旉主张"多虚不如少实，广种不如狭收"（《农书》），并提出耕作规模要与"财力相称"。明代《沈氏农书》也主张"宁可少而精密，不可多而草率"。这种主张的产生不单纯因为人口增加、耕地紧缺和小农经济力量薄弱。人们在长期生产实践中认识到，集约经营、少种多收，比之粗放经营、广种薄收，在对自然资源的利用和人力财力的使用上都是更为节省的。《沈氏农书》以桑地经营为例，指出如果深垦细管，多施肥料，可以"一亩兼二亩之息，而工力、钱粮、地本，仍只一亩"。又引老农的话说："三担也是田，两担也是田，担五也是田，多种不如少种好，又省气力又省田。"

我国古代农业单产比西欧古代和中世纪高得多。西欧粮食收获量和播种量之比，据罗马时代《克路美拉农书》记载为 $4 \sim 5$ 倍，据 13 世纪英国《亨利农书》记载为 3 倍。而从《齐民要术》看，我国 6 世纪粟的收获量为播种量的 $24 \sim 200$ 倍，麦类则为 $44 \sim 200$ 倍。据《补农书》记载，明末清初嘉湖地区水稻最高产量可达 $4 \sim 5$ 石，合今每市亩 $901 \sim 1126$ 市斤，比现今美国加利福尼亚州的水稻产量还高。我国古代农业的土地生产率，无疑达到了古代社会的最高水平。

种无闲地与种无虚日

土地生产率与土地利用率关系密切。在"尽地力"思想的指导下，我国古代土地利用率不断提高，集中表现在以种植制度为中心的耕作制度的发展上。徐光启相继在天津、房山、涞水等地寻访适宜屯田的地点，并最终选定天津做他的试验场所。来到天津，他购置了一批杂草丛生的荒地，雇用了一些农户开荒种地，他本人也亲执农具，在田头劳作。这些新垦殖的荒地被种上了小麦、水稻等农作物，获得了较好的收成。徐光启所关心的不仅仅是收成的好坏，而是利用屯田进行科学试验，总结种植的经验教训。他十分重视调查研究，搜集民间经验。他时常布衣敝履，奔走于田野，向当地农民了解土壤、施肥和耕作方法等方面的问题，仔细笔录下来，然后博考中外古今的农业典籍，再结合自己的实验结果，写成许多充满科学精神的笔记。靠这种方法，他先后写下了《宜垦令》、《北耕录》等农书，并借鉴前人成果创造了名为"粪丹法"的施肥方法。

　　经济作物的种植培育也是徐光启科学实验的重要内容。赴天津之前，他曾写信给家人索取各种花草和麦地冬、生地、何首乌等药物的种子，利用空地进行种植，还计划用西方的制药法加工提炼，制成药露，既便于使用又便于保存。后来，他还打算把苎麻、蔓菁等南方作物引种到北方。历史上北方曾经是主要的蚕桑产地，可随着经济重心的南移，江南桑蚕业后来居上，北方的桑蚕业反倒衰败下去。徐光启对北方的气候、土壤等条件进行了考察，发现很适宜植桑养蚕，决心在北方试养试种，重振北方桑蚕业，推动北方经济的发展。他特意叮嘱在家乡的儿子徐骥"养好桑椹，晒干寄来"。

　　他在天津养蚕，头蚕由于春旱取得成功，二蚕可能因为多雨，吃了湿叶，结果坏了。徐光启就此总结出经验，即要养好蚕，关键在于桑叶要干，桑干在天，人要与天争时，这反映出既要尊重自然规律，又要因地制宜，创造条件的科学思想。徐光启第二次屯田天津是 1621 年（天启元年）。这一年，他因练兵受挫，愤然辞职，复寓津门。在此期间，他写了《粪壅规则》，记录了北京、天津、山西、山东、江苏、浙江、江西、广东等全国各地老农、老兵和过往行人传授的壅粪方法和他自己的施肥经验，还保留了一些很有价值的笔记。可见，徐光启的农学研究，不但注重试验结果，还注意采集别人的经验，两者互相印证，一个环节一个环节地推敲，最后作出自己的判断。这是徐光启科学研究的一大特色。

《农遗杂疏》是徐光启屯田天津所写的另一部农学著作。此书泛论粮、棉、果、蔬、农艺及牧畜技术，今已不传。从散见的一些佚文中，可以看到大麦、蚕豆、柑桔、石榴、棉花、竹子等的种植栽培和肥猪法等方面的内容。如说蚕豆是百谷中最早成熟的，蒸煮代饭，炸炒供茶，无所不宜，而且不受蝗害，不为虫蚀，可藏之数年，诚为备荒的佳种。还说大麦最宜久藏，可以多积。徐光启把自己长期积累的经验，采取通俗易懂的语言记录在《农遗杂疏》里，便于识字不多的广大农民掌握和应用。他循循劝告农民采用先进的生产技术，实行多种经营，提高作物单产，积粟备荒，增强国家的物力财力，实现富国强兵的理想。在长期的科学实践中，徐光启收集积累了大量第一手材料，总结了许多珍贵经验，这些都为他编纂《农政全书》奠定了坚实的基础，他在这个时期取得的大量研究成果，也都在《农政全书》中有所反映。

诚然，由于徐光启善于经营，也使他自己的经济状况大有改观。他在天津开辟的土地大约在一千五百亩到两千亩之间，以与所雇用的农产四六分成计算，每年也有三四百石粮食的收入。但是，徐光启毕竟是杰出的科学家，不像一般封建地主纯粹过着不劳而获的寄生生活，是专门消耗社会财富的蠹虫。稍加分析就会发现，徐光启的农业经营活动是从属于他的农业科学试验的，其动机是为了研究和推广农业科学技术，推动社会生产力的发展，创造更多的社会财富。他不仅自己从事劳动，还把收获的一部分投入到科学事业上，为扩大研究范围和规模提供资金。因此，应该把徐光启与那些专靠剥削为生的封建地主区别开来。

督练新兵，守城制器

徐光启对军事问题有强烈的兴趣，这种兴趣来自童年的经历。前面说到过，在徐光启的童年，他的故乡屡遭倭寇蹂躏，生灵涂炭，民不聊生，他的家人也饱受流离之苦。从父亲那儿听到的抗倭故事，给少年徐光启留下深刻的记忆。倭奴的凶悍残暴，国家的积贫积弱，激发起他对倭寇的仇恨和对国势衰败的感愤。他的富国强兵思想最早也应该是从这个时候萌生的。研习举业之余，徐光启浏览了许多兵家典籍，翰林院读书期间也曾写下了《拟上安边御虏疏》这样闪烁着真知灼见的馆课文章。不过，他真正有机会统领军队，推行自己的军事主张，却是在很多年以后了。

明朝晚期，东北地区的女真族势力不断发展壮大，对明王朝的统治构成了威胁。1616年（万历四十四年），努尔哈赤统一女真各部，建立了后金政权。其后二年，后金兴兵南犯，相继攻占明朝东北重镇抚顺和清河。明王朝统治者大为震动，廷议纷纷。礼部左侍郎何崇彦以"夙知兵略"举荐徐光启参与军务，万历皇帝急召徐光启入京。这时徐光启正在天津养病，接到诏书，即刻启程，抱病回到左春坊左赞善任上。1619年（万历四十七年）3月，兵部左侍郎兼辽东经略使杨镐率四十万援辽大军，出山海关后兵分四路向后金军发起反击，结果一败涂地，还在刚刚得知杨镐兵分四路出击的部署时，徐光启就指出"此法大谬"，后金兵必于诸路坚壁清野，集中兵力对付其中一路，并判定这一路必定是由山海关总兵杜松所率由沈阳往抚顺的明军。局势的发展完全被徐光启不幸言中，杜松在二度关遭遇后金精兵伏击，全军覆没，其余各路亦先后败没。至此，徐光启心急如焚，连上三疏，痛切陈词，阐明自己对挽救危局的看法和主张。

继《敷陈末议以珍凶酋疏》、《兵非选练决难战守疏》之后，局面急剧恶化，朝廷仍因循守旧，不思改弦更张，徐光启于8月7日又上了《辽左阽危已甚疏》，吁请朝廷火速选练精兵，不可延宕误国。在此疏中徐光启提出了"正兵"的五条纲领：亟求真材以备急用；亟选实用器械以备中外战守；亟行选练精兵以保全胜；亟造都城万年台以为永久无虞之计；亟遣使臣监护朝鲜以联外势。这里包括了选材、造器、练兵、建台、联外五个方面，其中徐光启尤为强调军事人才的选拔与培养。他指出，国势衰微，渐贫渐弱，关键的原因之一是朝廷在选拔人才上拘泥常格，因循积弊，结果是论资排辈，任人唯亲，"用者未必才，才而用者未必当"。战争本来就是斗勇斗智，如果不是才力智计殊绝于人，就很难打胜仗。选拔人才的办法是，由在京诸臣各自举荐文武才略、绝技巧工之士，再经吏、兵二部考窍核实，根据其特长决定推升、改调或咨取，一一置之在京衙门和畿辅重地，以凭随时调用。所举人才建有奇功，举荐人亦分别赏擢，若误国败事，举荐人一并坐罪。倘若徐光启的建议被采纳，该会对用人问题上的弊端起到一定的遏制作用的。

　　徐光启的建议起初并没受到应有重视。后来因辽东危急，京城的安全也受到严重的威胁，众臣纷纷推举，万历帝才于1619年（万历四十七年）9月颁旨："徐光启晓畅兵事，就着训练新兵，防御都城。"寻升徐光启为詹事府少詹事，兼河南道监察御史，管理练兵事务。徐光启受领新职后，满怀信心，于10月21日上《恭承新命谨陈急切事宜疏》，条陈有关练兵事项，包括关防、驻扎、副贰、将领、待士、选练、军资、招募、征求、助义等十款，希望能在财政和人员方面得到朝廷的支持。他曾设想挑选壮兵丁二万人，在京营附近建筑营房二千间，由工部和户部各自支付兵器和粮饷费用若干，一面造器，一面练兵，一年之后这支部队便可以投入使用。不料他处处受朝中权臣牵制，要人没人，要钱没钱，计划虽好却难以实施。

143

1620 年（泰昌元年）4 月，徐光启费尽周折才领到一点饷械，便风尘仆仆赶到通州、昌平，着手进行选练新兵的工作。当时供徐光启训练的新兵半杂老弱，身无完衣，面有饥色，他下决心裁汰老弱，只保留了一部分精壮兵丁，结合实战阵法进行操练。但是由于万历、泰昌两帝一年之内相继驾崩，加上饷械不继，缺少兵源，徐光启的练兵工作遇到很大困难。1621 年（天启元年）2 月，他旧疾复发，再回天津养疴。不久因沈阳、辽阳接连失守，礼部奏请襄理军务，又奉旨返京。

还在昌平、通州练兵时，徐光启曾经致信李之藻，要他前往澳门购置西方火器。李之藻派门人张焘赴澳门，向葡萄牙当局购买了四门大炮，并物色到炮手四人。时值徐光启辞职，李之藻恐大炮落入敌手，留在江西不再北运。徐光启复职后，重抄了练兵三疏进呈，请求恢复练兵计划，并把制造火器放在首位。他看到，明朝军队原先在火器上的优势，因为连战皆输，大量兵器被敌军俘获，已经转化成为劣势，只有大量铸造火炮才能改变这种不利的态势。他一边把留在江西的大炮运到前线，一边力请多铸西洋火炮，以资城守。他还推荐传教士阳玛诺、毕方济堪任此事，请速访求前来。然而好景不长，复职仅四个月，徐光启又受到阉党的攻讦，眼见练兵计划付诸东流，他愤然辞职，回到上海搞他的农学试验。

徐光启的练兵虽因层层阻挠而告失败，但也产生一些积极的效果。经过他训练的新兵在辽东战场作战，显示了顽强的战斗力，远比一般的明朝军队出色。他引进的西方大炮在宁远战役中发挥了巨大的威力，其中的一门被天启皇帝封为"安国全军平辽靖虏大将军"。在练兵过程中，徐光启还留下了二十四篇《练兵疏稿》和《选练条格》一卷。《选练条格》共分选士、选艺、束伍、形名、营阵五章，在募选、训练、指挥、战法等方面都提出了一些重要思想。

如关于选拔士兵，他提出"以勇、力、捷、技四者取之"。他特别强调军队要有严明的纪律，行动要一致，"如擂鼓要进，就赴汤蹈火也要进；鸣金要退，后面有水火也要退。众人共一耳，共一目，共一心，此齐众之一法，阵无有不坚，敌无有不破矣"。后来，徐光启把他有关军事问题的疏稿汇刻为《徐氏庖言》五卷，这是他留给传统兵学的一份宝贵财富。

时隔八载，徐光启再度投笔从戎。这时崇祯皇帝已经即位，惩治权阉魏忠贤，剪除了阉党势力。崇祯力图刷新政治，任用贤能，恢复了徐光启礼部右侍郎兼翰林院侍读学士协理詹事府事的原职。其实此职是徐光启辞官闲住时由魏忠贤之流封的，他并没有到任。1628 年（崇祯元年）8 月，徐光启束装就道，由上海到北京，觐见崇祯。次年 4 月升任礼部左侍郎，主持礼部日常事务。9 月他又受命督修新历。正当徐光启全力以赴地筹划历局事宜时，后金军队由皇太极率领挥师入关，围困蓟州，攻陷遵化、抚宁，威逼京师。1629 年（崇祯二年）12 月，后金兵攻入太安口，京师宣布戒严。半月后后金兵已攻至北京德胜门。兵临城下，势如垒卵，崇祯急忙召集群臣，商讨退敌计策。徐光启在召对中力主守城，得到皇帝的首肯。徐光启随即放下历局工作，以主要精力从事火器制造和保卫京师的斗争。

年近古稀的徐光启，满怀爱国之情，日夜在城防上奔波，教练军士，布置防务，饥渴俱忘，风雨不避。他制定的《城守条议》，就守卫京师作出了具体规划。《条议》提出，应当动员广大市民投入保卫京师的斗争。城中并不缺乏智勇奇士，应广泛收求加以录用。不论是勇力绝伦的，武艺出众的，善用火器的，能造守城器械的，都可由京官保任。对于市民提出的有关城防的意见，不拘尊卑，每天由负责官员议定，可行的便通知各处遵照执行。如吏部主事杨伸有名家人善用石炮，徐光启提议任命他为教师，教守城军民制作炮架，临时施用。这些事实反映了徐光启的军事民主思想。正是因为徐光启采取了行之有效的举措，森严壁垒，严阵以待，才使得后金军队最终不敢进攻北京。

后金军队退去后，徐光启建议利用这段间隙，立即赶造火炮和加紧选练守城士兵，进一步巩固京师的防务。他指出，后金军之所以不攻京师，不攻涿州，就是因为畏惧火器的威力。这种当时最先进的新式武器，物料真，制作巧，药性猛，射程远，精度高。他筹划在北京设立一个小兵工厂，并建议在扬州、潞安开局铸炮。徐光启听到传教士陆若汉、公沙的西劳提议去澳门购炮和遴选铳师，极为赞赏，表示愿亲自前往。光有火器并没解决所有的问题，还必须有能熟练使用火器的军队。为此他提出一套组建和训练车营的办法。所谓车营，就是组成一支三五千人装备火器的队伍。这支队伍不但能守卫城垣，而且能出城作战。以此为基础，把习铳的军队扩大到二三万人，一半在城中训练，一半在城外巡守。制定训练计划要严格，办法要切实，"宁为过求，不为冒险；宁为撼实，无敢凿空"。1631 年（崇祯四年）11 月，徐光启又上书皇帝，提出一个他精心设计的精兵方案。这个方案的要点是，以六万人编为十五营，每营四千人，配备双轮车一百二十辆，炮车一百二十辆，粮车六十辆，另配西洋大炮十六门，中炮八十门，鹰铳一百门，鸟铳一千二百门。他请求以登莱巡抚孙元化的部队为基干，先组成一营，然后逐步扩展。练成四五营，则不忧关内；练成十营，则不忧关；十五营俱就，则不忧进取。可是两个月后，后金兵进攻关外大凌河，孙元化派部将孔有德增援，孔有德在吴桥发动兵变，西洋火器悉数落入孔有德之手，不久孔有德又带着这些武器投降了后金，致使徐光启的计划完全破灭。自此以后徐光启心灰意冷，再也不言兵事。

徐光启的军事思想中包括了许多有价值的见解。如他重视民众的作用，主张动员民众参加军事斗争；他注重提高军队的战斗力，主张严加选练；他认识到武器是克敌制胜的重要因素，倡议引进西洋火器；他反对平分兵力，主张集中优势兵力歼敌一路，等等。但他的军事实践却是失败的，具体的表现就是练兵计划的屡次落空。其根本的原因是晚明政治腐败，经济凋敝。一方面是国力衰弱无力支付巨大的练兵制器费用，一方面是权奸当道，百般刁难，处处掣肘，单靠徐光启一人的苦心经营是无法挽回明王朝的颓势的。

精研天文，督修新历

在守城制器的前后，徐光启还领导了修改历法的工作。天文历算在我国有悠久的历史和辉煌的成就。十三四世纪欧洲的儒略历出现严重失误的时候，我国元代科学家郭守敬便制定了《授时历》，把中国历法提高到更加准确的程度。明代的《大统历》就是直接承袭《授时历》的。但是由于长期没有修订，到明晚期，《大统历》也多次发生显著的失误。

徐光启很早便潜心学习和研究天文学。天文学曾是徐光启学习西学的重要内容之一，入翰林院后，仍花了很大气力从事天文学的研究，他先后写了《山海舆地图经解》、《题万国二寰图序》、《平浑图说》、《日晷图说》、《夜晷图说》、《简平仪说》等著作。这说明徐光启不但对西方天文仪器的构造、原理、用途有了充分的知识，甚至对西方测天的方法和理论，也进行了深入的研究。徐光启在当时的天文学界已有较高的声誉，所以礼部在 1612 年（万历四十年）1 月奏请修改历法时，他便以"精心历理"与邢云路、范守己、李之藻等同时受到举荐。因万历帝久居深宫，疏于政务，此议被搁置下来。然而，徐光启并未放弃修改历法的努力，继续进行各方面的准备，如物色培养天文学人才，翻译西方天文学著作等等。

　　机会终于来了。1629年6月21日（崇祯二年五月朔）日食，钦天监预推失误，而徐光启用西法推测食分时刻却被验证。崇祯严辞切责钦天监官员。在这种情况下，礼部奏请开设历局，修改明初开始推行的《大统历》。9月1日，崇祯皇帝正式下令修历，并命徐光启督领修历事务，李之藻协理修历。历局设在宣武门内原首善书院。9月13日，徐光启上《条议历法修正岁差疏》，提出修改历法的步骤和方法，急需的仪器及人员的调配等。这份文献实际上成为修历工作的纲领。后来他提出的"欲求超性，必先会通；会通之前，必先翻译"，则成为贯穿整个修历过程的指导思想。

　　按照徐光启的计划，修改历法应当以西法为基础。其中固然有西法运算周密，在推算上确实优于旧法的科学本身的原因，也有旧法创制已久，法理难明，而西法经传教士广为宣传造就了一批通晓天文历算的人才这种客观上的原因。徐光启把翻译西方天文学著作当作修历的第一个必需的步骤。那时传到中国的西方天文学著作虽然卷帙浩繁，如1620年传教士金尼阁携来的七千部书籍中，相当一部分是天文学著作。盲目翻译需耗费大量的人力物力，且旷日持久，显然不行。徐光启又有针对性的提出，要有选择地组织翻译，要区别轻重缓急，首先选译那些最基本的东西，循序渐进。在内容上要包括欧洲天文学的理论、计算和测算方法、测量仪器、数学基础知识以及天文表、辅助用表等的介绍、编算等。徐光启本人也积极投入了翻译工作，他参与编译的著作就有《测天约说》、《大测》、《元史揆日订讹》、《通率立成表》、《散表》、《历指》、《测量全义》、《北例规解》、《日躔表》等。

　　作为修历的组织者和领导者，徐光启的眼光并没有停留在译成一批西方天文学著作上。他的心愿是编成一部融汇中西历法优点，达到当时最高科学水准的历书。为了实现这个理想，徐光启对历书的结构作了精心的擘划。他提出整部历书要分为节次六日和基本五目。节次六日是《日躔历》、《恒星历》、《月离历》、《日月交食历》、《五纬星历》、《五星交会历》。这六种书由易到难，前后呼应，研讨天体运动的规律，介绍测算天体运动的方法。基本五目包括"法原"、"法数"、"法算"、"法器"和"会通"，是整部历书的五大纲目。法原是天文学的基本理论，包括球面天文学原理。前述节次六日即属于法原的范围。法数是天文表。法算是三角学和几何学等天文学计算中必需的数学知识。法器是天文仪器。会通是旧法和西法的度量单位换算表。这基本五目包容了有关天文历算的全部重要知识。以后《崇祯历书》的编写工作，几乎完全是按这个计划进行的。徐光启是历局的最高领导人，直接对皇帝负责。他主持历局的四年间，从制定计划、用人、制造仪器设备、观测、译撰直到钱粮细事，一应事务，无不操持，仅就各种事宜向皇帝上疏便有三十四次之多。他不辞辛劳，亲自参加撰写和编译工作。《崇祯历书》中的《历书总目》一卷、《治历缘起》八卷、《历学小辩》一卷，都是他独力撰著的。此外，他还要对全部书稿进行审阅和修改，作文字上的润饰。每卷要修改七八次才能定稿。1633年辞世前夕，他还上疏介绍剩余的六十卷书稿的情况。其中三十卷由他审改定稿，另三十卷草稿中也有十之一二经他修改，十之三四经他审阅。可以说，没有徐光启的全力支撑，历局工作顺利进展将是不可想象的。

徐光启深知实测天象对天文学研究的重要意义。为了使新历更趋科学，修历当中徐光启多次组织历局人员观测日月食、五星运动和节气时刻，取得了大量科学数据。每逢日月食，他常常亲往测候，尽可能掌握交食时刻和食分的第一手资料。此前，我国观测日月食多用肉眼，精确度很低。尤其在观测日食时，由于阳光强烈刺目，初亏与复圆的时刻很难定准，食分的大小也不易测准，食分小的日食更难发现。古代也曾有用水盆映象的方法测量日食，但往往受水面摇荡的干扰。徐光启把刚刚传入中国的望远镜技术用于天文观测，取得了很好的效果。在他的治历疏稿中，多次提到用望远镜观测日月食的情况。其方法是在密室中斜着开一道缝隙，将窥筒眼镜置于此处，日食的情况透过望远镜投射到画好日体分数的图板上，亏复和食分一目了然。用这种方法大大提高了观测数据的精度。制造望远镜并用于天文观测，徐光启是我国历史上的第一人。徐光启自己备有一部《观景簿》，是他持之以恒观测天象的记录。其中有多年诸曜会合、凌犯行度和节气时刻的观测结果。*1629* 年（崇祯二年），他还主持了一次天文大地测量，测定了山东、河南、湖广、四川、北京、南京等地的经纬度。测量中采用了西方先进的测量方法和技术。后来，根据实测的结果，他又主持绘制了一份当时最完备最精确的星表和星图。这份星图现即称为"徐光启星图"，它是我国目前所见最早包括了南极天区的大型全天星图。

对天文学研究来说，仪器设备的重要性比起其他学科更加明显。仪器设备先进与否，直接决定着天文学发展的水平和历法的准确程度。徐光启在改历之初，就提出了制造仪器的计划。他为此事专门上疏皇帝，提出"急用仪象十事"，建议制作地球仪、七政列宿大仪（即天球仪）、平浑悬仪、交食仪、*60* 度纪限大仪、*90* 度象限大仪、日晷、星晷、自鸣钟以及望远镜等十种仪器共二十七件。像这样大量引进制造西法仪器，是前所未有的。在原有的观测手段相当落后的情况下，引进仿制西法仪器是迅速提高观测水平的有效办法。当然，引进的目的是"会通超胜"，因此在实际制作中根据中国的情况作了适当的改造与变动，例如仪器上二十四节气的刻画，宫、度等对应的中文名称和刻度，仪器的造型风格的和花饰等等，都体现了中国的特点。徐光启等明代科学家在这方面的探索，为清初用西法浇铸大型铜质天文仪器积累了宝贵的经验。特别值得指出的是，伽利略望远镜问世不久，*1618* 年由传教士邓玉函介绍到中国，徐光启便敏锐地感觉到它对天文观测所具有的重要意义，刚着手修历就装配了三架望远镜，使得观测精度大为提高。

精心培育造就科学人才，是徐光启主持修历期间的又一贡献。他以一个科学家的长远眼光和博大胸怀，把历局办成了一个延揽八方英才的科学家摇篮，表现出非凡的领导才能。在用人方面，他采用广咨博取、不拘一格的方针，果断宣布："不拘官吏生儒，草泽布衣，但有通晓历法者，具文前来"，"果有专门名家亦宜兼收"。他把能明度数本原、精通测验推步、善于制造大小仪器的人选为"知历人"，参与修历，还招考能书善算的年轻人为"天文生"，进行重点培养。历局中不但有李之藻这样的对天文历法造诣甚深的中国学者，也有知晓西法的外国传教士龙华民、邓玉函、罗雅谷、汤若望等。为使修历大业后继有人，徐光启在培养扶持后生晚辈上倾注了极大的热情。他自知病重，便于 *1633* 年（崇祯六年）*10* 月 *31* 日上疏，大力举荐原山东布政司右参政李天经，说他"博雅沈潜，兼通理数，历局用之尤为得力"，请求派他接替自己主持历局事务。李天经果然不负所望，在徐光启去世后秉承遗愿，主持完成了《崇祯历书》。徐光启很重视培养官生。每一部书稿编写完，就把它作为教材向官生传授。这样做的结果，待到新历编成，一大批掌握新历法的天文学专门人才也就培养出来了。对历局工作人员的劳动成果，徐光启是十分尊重的。他在临终前还特意上疏，保举改历有功人员和学业优良的官生。历局全体人员团结一致，通力合作，终于使《崇祯书》这部煌煌巨著得以顺利完成。

在巩固内部，充分发挥修历人聪明才智的同时，徐光启还同反对改历的保守势力进行了不懈的斗争。修改历法在封建社会是关系王朝统治的大事，一些拘守旧法冥顽不化的人，处心积虑地设置障碍，阻挠修历。1595 年（万历二十三年）和 1612（万历四十年）改历的呼声两度形成高潮，但终因这些人以"祖宗之制不可变"为辞极力阻止而夭折。新的历局设立以后，旧法与新法的论争也从未中断。徐光启从中国天文学发展的历史实际出发，反复阐说我国的历法正是由于不断改革而逐步完善的，治历要依据天时的变化，不能拘泥古法而违背天象。他为了回答来自守旧人物如冷守中、魏文魁之流的攻击，专门写了《学历小辩》一书。他在书中揭露了冷守中历书玩弄的神秘数学游戏，又指出魏文魁的历法书不但数据陈旧，理论和方法上也有许多矛盾和漏洞。徐光启还采取了用事实说话的办法，凡遇有日食、月食，他都预先公布推算结论，然后在北京观象台和国内其他地方观象测验，用测验的结果证实新法的正确和优越，借以回击守旧派，说服那些对新法怀有疑虑和成见的人。

　　徐光启对待修历的工作态度十分感人。当时他已是年近七旬的老翁，且又体弱多病，可对科学事业仍一丝不苟。每次观测，他总要登上观象台，亲自操作仪器或进行指导。1630 年（崇祯三年）12 月 31 日，他登台安排观测事宜，不慎失足坠落，腰膝受伤，很长时间难以行走。1632 年（崇祯五年）5 月 4 日月食，他不顾七十高龄，仍于夜间率领钦天监官员和历局人员一同登台，守候在仪器旁进行观测。当年 6 月，他以礼部尚书兼东阁大学士入阁办事，白天处理完繁忙的公事；入夜回到寓所，仍秉烛奋笔，审订新编成的历书草稿。1633 年 11 月 7 日是他生命的最后一日，他念念不忘修历之事，再次上疏崇祯皇帝，推荐李天经接替历局事务。他身居高位，操守清介。死后囊无余资，官邸萧然，除却几件旧衣服，留下的只有一生著述的书稿。

　　《崇祯历书》虽非最后完成于徐光启之手，可他对于新历的贡献是其他人无法比拟的。这部凝聚了徐光启半世心血的天文学巨著，在他去世后的第二年（1635年，崇祯八年）全部告竣。全书洋洋一百三十七卷，先后分五次进呈。其中徐光启本人进呈三次，李天经进呈二次，李天经进呈的也多是经徐光启定稿和审改过的。《崇祯历书》是在明末中西文化交流新高潮的背景下完成的，是中外学者共同努力的智慧结晶。它不仅对传统天文学作了一个总结，有了新的发展，而且大量吸收了欧洲天文学的先进成果。它的问世，标志着我国传统天文学开始走上世界近代天文学发展的轨道。

与传统天文学比较，《崇祯历书》有许多新的改革和进步。它的主要成就反映在下述几个方面：引入了明确的地圆观念和地球经纬度的科学概念，这不但对破除旧有的天圆地方观念有着重要的意义，而且也大大提高了推算日食的精度；认为各种天体与地球的距离不等，并且给出各种天体距地的具体数值，用于计算它们的行度；引入了蒙气差校正，有助于提高观测精度；引入了几何学和三角学的计算方法，简化了计算程序，提供了准确的计算公式，扩大了解题的范围；提出了日月有高卑行度，日月在本天行度外还有循小轮运动，有距地远近的变化，应当根据这种变化精确计算日月的近地点和远地点；引入了新的岁差观念，即恒星有本行，以黄极为极；采纳了小轮体系和椭圆体系，用几何运动的假设解释了天体顺、逆、留、合、迟、疾等天文现象；确定五星绕日运动，其运动方位是受太阳运动的速度变化而变化的；引进了一套完全不同于传统天文学的度量制度，包括分圆周为360度，一日为96刻，60进位制，黄赤道坐标制等。这些重要变化，表明《崇祯历书》带来了中国天文学的一场深刻变革，对清初天文学的繁荣产生了积极的影响。

不幸的是，《崇祯历书》没能够立即颁行。曾被徐光启批评过的满城布衣魏文魁，利用徐光启去世的机会上言崇祯，攻击新历。崇祯命魏文魁另外组织东局，仍用传统的天文学理论制历与新法一试高低。待到崇祯皇帝认识到西法确实精密，欲颁诏实行时，明朝已临近灭亡。入清以后，曾参与修历的传教士汤若望把《崇祯历书》加以删改，上呈清廷，易名《西洋历法新书》，由清王朝颁行全国。

　　农政鸿篇，福泽后人

　　徐光启勤奋治学，学识渊博，对科学的贡献是多方面的。然而真正使他名垂青史的，还是那部里程碑式的农学巨著《农政全书》。《农政全书》是继汉代《氾胜之书》、宋代陈旉《农书》、元代王祯《农书》之后一部农业科学的百科全书，这部徐光启倾注了大量心血的鸿篇巨制，集中反映了他对农业和农学的巨大贡献，代表了我国古代农业科学发展的最高水平。

　　如前所述，徐光启自小生长在农家，一向关心农业生产，醉心农学试验，搜集了丰富的研究资料和试验数据，积累了大量的经验和心得。在徐光启的一生中，也陆续撰写了为数不少的农学著作，如《农遗杂疏》、《屯盐疏》、《种棉花法》、《北耕录》、《宜垦令》、《农辑》、《甘薯疏》、《吉贝疏》、《种竹图说》等等。这些书的产生，大都是作者针对一些农业生产上的具体问题有感而发，或就某种作物的种植提出意见。《农政全书》则是徐光启对古今中外农业生产和农学研究的利弊得失，结合自己的亲身经验，所作的全面总结。

　　《农政全书》的准确完稿时间已难详考，但大致可以判定初稿约完成于1625年（天启五年）到1628年（崇祯元年）间。徐光启生前，这部著作未能最后定稿，也没有最后定名为《农政全书》，只是被周围的人泛称为《农书》。此书的编纂历时颇久。还在徐光启是诸生的时候，他已经萌发了撰著大型农书的意愿，十分注意收集农事资料，经行万里，随事咨询。考中进士后，他长期供职于翰林院，研究条件和撰著条件均有改善，加上其后又有天津屯田的经历，大概已开始动手撰写，有得即书，渐积成帙。1619 年（万历四十七年）他在写给座师焦竑的信中，曾经提到"《种艺书》未及加广"。《种艺书》很可能便是《农政全书》的原始稿本。1620 年（泰昌元年），徐光启襄理军务，主持练兵，然处处受制，难以施展抱负，遂愤然于次年 10 月告病辞职。不久，又遭阉党参劾，罢官闲住。家居期间，徐光启对《农政全书》的草稿系统地进行增广、批点、审订、编排等工夫。直到天启六、七年间，工作大致告一段落，初稿基本编成。徐光启对此书寄予莫大的希望。据他的学生陈子龙记述，他曾经在徐光启担任礼部尚书时前去拜谒，徐光启对他说："所辑《农书》，若己不能行其言，当俟之知者。"临终之际，徐光启还惦念着这部书，叮嘱孙儿徐尔爵："速缮成《农政全书》进呈，以毕吾志。"可惜他终未能亲眼看到这一巨著勒定出版。徐光启去世后两年，即崇祯八年，陈子龙在娄县南园读书时，从徐尔爵处借得原稿过录，并送应天巡抚张国维、松江知府方岳贡阅览。张、方商定付刻，建议由陈子龙负责整理。据陈子龙说，徐光启的原稿"杂采众家，兼出独见，有得即书，非有条贯。故有略而未详者，有重复未及删定者"。陈子龙在谢廷桢、张密、徐孚远、宋征璧等人和徐氏子孙的帮助下，草拟凡例，删削繁芜，拾遗补阙，润饰文字，编次分卷，最后正式定名为《农政全书》，于 1639 年（崇祯十二年）秋在陈子龙的宅舍平露堂付梓刊印。

经陈子龙整理后的《农政全书》，比起原稿，"大约删者十之三，增者十之二"，共六十卷五十余万字，分为十二目。十二目的分类由徐光启本人创制，包括：《农本》；《田制》；《农事》；《水利》；《农器》；《树艺》；《蚕桑》；《蚕桑广类》；《种植》；《牧养》；《制造》；《荒政》。

《农政全书》的分类涵盖了国家的农业政策、农业生产的各种基本条件如土地、天时、水利和农具等，以及林、牧、渔、农产品加工和备荒、救荒措施的各个方面，既全面，又系统，在体系上远远优于我国古代的其他大型农书，而与三百多年后的现代农学范畴极为接近。我们由此可以窥见这位伟大科学家的匠心独运。从内容上看，《农政全书》大致由两大部分组成。一部分是摘引前人的文献资料，即陈子龙在凡例中所说的"杂采众家"，这占了该书的大部分篇幅；还有一部分是徐光启的个人撰述，即陈氏所谓"兼出独见"，大约有六万多字。无论哪一部分，字里行间，都体现了徐光启严格的科学精神和严谨的治学态度。

据统计，《农政全书》共征引了二百二十五种文献，此外，尚有部分未注明文献来源的不包括在内。徐光启一生勤奋，博览群书，"大而经纶康济之书，小而农桑琐屑之务，目不停览，手不停毫"，从汗牛充栋的古代典籍中挑选出大量的农学资料，加以梳理条贯，编排到《农政全书》中去。所引文献有先秦的，有汉至元各代的，也有大量明代著作。多则全书、全篇、全章录入，少则只摘引只言片语。内容既有有关农业典制和行政管理的，也有农业理论和技术方面的，还有的涉及到历史、地理以至名物训诂等方面。徐光启杂采众家，广征博引，并非不加区别的一概照录，而是根据严格的编选原则，仔细地进行甄选。对于古代典籍中的阴阳五行谶纬等封建思想，他尽量予以剔除，摒弃不用。如对《氾胜之书》和《齐民要术》中的厌胜术等迷信内容，《农政全书》一概不予摘录。元末的《田家五行》，徐光启也只是选择了有科学价值的气象谚语部分。陈旉、王祯的农书都辟有"祈报篇"，宣扬农业收成的丰歉取决于祈天是否虔诚。徐光启反对这种唯心论的说法，《农政全书》一反旧例，不再设"祈报篇"。就是对那些已经摘入的文献，他也并不盲从前人的成说，而是大胆鲜明地亮出自己的观点和主张。这主要反映在他写的批注里。这些批注或诠释，或补充，或引证，或记事，或总结，或评论得失，或触类旁通。这些文字大都不长，内涵却非常丰富，不一而足。另外，徐光启对采摘的文献，每每圈圈点点，并用不少的符号加以区别，也自有其用意。

当然，最能反映徐光启在农学研究中取得的突出成就的，还是应当首推他个人所写的那一部分文字。这些文字都是徐光启对自己多年农学研究和种植实践所作的概括和总结，处处闪耀着科学的光彩。徐光启通过对蝗虫生活史的深入研究，发现了蝗虫的生活规律，为治理蝗灾提供了科学依据。他本人曾亲自试种过甘薯、棉花、女贞、乌臼、稻、麦、油菜等农作物和经济作物，对它们的习性有切身的体验，积累了丰富的栽培经验，他写下的心得就要比其他农书更深刻，更有实际指导意义。他对垦田、用水、养白蜡虫、养鱼也都有独到深刻的见地，在近八十种作物（包括农作物、果树、蔬菜、经济树木）项下写有注文和专文。这位科学巨匠坚决反对风土说，提倡异地引种的革新探索精神早已是有口皆碑。其实他还遗留下许多真知灼见有待发掘整理。比如，是他首先注意到把作物的收获部分，从谷实扩大到包含茎秆等的作物整体，用现代术语说，就是从经济产量的概念发展到生物量的概念。稗的产量低，历代农书都只当作备荒作物，徐光启却认为，"稗秆一亩，可当稻秆二亩，其价亦当米一石"，对稗的利用价值从生物量的角度作出正确的估价。徐光启的"独见"，或以整卷、整篇、整段的面目出现，或散见于引文之中，堪称字字珠玑。清初大学者刘献廷赞叹说："玄扈天人，其所述皆迥绝千古"，"人间或一引先生独得之言，则皆令人拍案叫绝"。

下面再对《农政全书》十二目的基本内容作个概略的介绍。

《农本》三卷。农本思想在我国源远流长，自然经济和自耕农的大量存在是它的客观基础。农本思想的核心是把农业看成国家最重要的经济部门和主要的财政来源,把农民当作主要的统治基础和人力资源。这一思想在春秋战国时代已经萌芽,到战国时得到了充分的发展。先秦诸子中的儒家、墨家、稷下学派、李悝、商鞅、韩非以及汉初的贾谊、晁错,都非常重视农业,坚持"农为政本"的主张。重农思想作为主导的经济思想,一直贯穿漫长的封建社会时期,到明清两朝没有根本的变化。素来抱有富国强兵理想的徐光启,继承了传统的重农思想,认为只有"务农贵粟",才是国家的"根本之计"。"古之强兵者,上如周公、太公,下至管夷吾、商鞅,各能见功于世,彼未有不从农事起者"。基于这种认识,《农政全书》开卷即言农本。首半卷《经史典故》列举了"五经"和史书中重视农业生产的言论和史实;一卷半《诸家杂论》摘引了《管子》、《吕氏春秋》、《亢仓子》、《齐民要术》等书的有关章节;第三卷全文收录了明人冯应京的《国朝重农考》。这些都是为了证明以农为本在中国有悠久的历史和深厚的社会基础,提醒人们关注农业问题,抓好农业生产,为国家富强社会安定打下坚实的根基。然而与古代农本思想重本抑末不同,生当晚明的徐光启坚持重本却并不抑末,反而提倡发展工商业,反映了资本主义生产关系的萌芽的经济要求,使他的农本思想有鲜明的时代特征。

《田制》二卷。一卷是徐光启自作的《井田考》,对西周井田制的划分方法进行了细致的考证,其中对西周度量衡与明代度量衡换算方法的确定十分精彩。另一卷引录了王祯《农书》田制图说的全文。他认为,王祯作诗的水平要比农学的水平高,他的农学远远赶不上《农桑辑要》的编者苗好谦、畅师文等。

《农事》六卷。其中《营治》二卷介绍了《齐民要术》,陈旉、王祯两部《农书》和《农桑辑要》中关于垦殖、收种、播种、中耕、除草、灌溉种种农田管理措施。《开垦》二卷引用了诸葛升、汪

158

应蛟、沈一贯、耿桔等人关于开荒垦田的文章，还录入了徐光启自己的《垦田疏》。徐光启有亲自垦荒的切身经历，对如何开辟荒芜土地变为良田，增加国家收入有精辟的见解。他在这里补写的两段文字，即移民垦荒时"主客"关系的处理和垦荒前的准备事项，对指导垦荒很有实际意义。另有《授时》、《占候》各一卷，分别采自旧典章旧农书和老农经验。

《水利》九卷。徐光启十分关心水利问题，在《农政全书》的凡例中他便说："水利者，农之本也；无水则无田矣。"另外，从本目在《全书》所占的比重也是可以看得出来的，其中《西北水利》一卷，《东南水利》三卷、《浙江水利》一卷、《灌溉图谱》、《利用图谱》各一卷、《泰西水法》二卷。在这些章节中，不但有对用水理论的探讨，有水利器具的制作和使用方法，还有改善地方水利的具体意见。《西北水利》主要摘录郭守敬、徐贞明的著作，范围包括西起甘肃，东至河北、山东的整个黄河流域。《东南水利》主要针对太湖流域，辑录资料的来源是宋人范仲淹、元人任仁发和明代的吴恩、夏原吉、徐贯、耿桔等人的著作。《浙江水利》主要谈论浙东绍兴、上虞、宁波一带沿湖筑堤蓄水工程。《农政全书》的灌溉及利用图谱，录自王祯的《农书》。徐光启对取水工具写下不少评注，表明他对这些工具器械作了深入的研究。《泰西水法》是徐光启与传教士熊三拔合译的著作，介绍了一些西方的水利学原理和工程知识，其主要部分也被选入《农政全书》。

《农器》四卷。摘自王祯《农书》，介绍了常见农用工具的质料、形制、构造和用途，有较高的实用性。

《树艺》六卷。包含《谷部》二卷、《蓏》一卷、《蔬》一卷、《果木》二卷。大都是汇集以往农书中的材料，介绍了各种作物的特性、用途和种植方法。书中特别强调选种，说"种蔬果谷蓏诸物，皆以择种为第一义。种一不佳，即天时、地利、人力俱大半弃掷矣"。在说到甘薯时，书中充实了不少新材料，是徐光启写《甘薯疏》时征集到的。他指出了甘薯的十三个优点，认为此物易种高产，应大力推广。"甘薯所在，居人便足半年之粮，民间渐次广种，米价谅不至腾踊矣"。

《蚕桑》四卷。有《养蚕》、《栽桑》各一卷，《蚕事图谱》二卷，亦是采自王祯《农书》，介绍养蚕植桑的注意事项和养蚕工具、缫丝工具的使用方法，提出了"连冷盆"的建议。

《蚕桑广》二卷。其中《木棉》、《麻》各一卷。徐光启的家乡松江地区是盛产棉花的地方，他收集了不少民间的种植栽培经验，还专门写了《吉贝疏》，宣传推广植棉技术。在《农政全书》中，有关作物栽培谈得最多的也是棉花。他对选种、种子的收藏和播前处理都有精辟独到的见解。他提倡早种，强调深根和病虫害防治，主张稀植、短干，重用基肥，这些措施都是适应当时耕作水平的。关于麻的种植则主要依据旧农书写成。

《种植》四卷。有《种法》一卷、《木部》一卷、《杂种》二卷。《种法》主要介绍园圃布局、树木嫁接、整枝、防鸟害、治虫等项技术。《木部》介绍了榆、松、槐、杨、梧桐、乌臼、女贞等三十余种树木的种法和用途。徐光启极力主张多种乌臼以取油料，多种女贞以取白蜡，称这两种树"其利济人，百倍他树"。对如何养虫生蜡作了生动细致的记述。《杂种》着重介绍了竹、茶、菊以及其他药用、染料和水生作物。

《牧养》一卷。谈到马、驴、牛、羊、鸡、鸭、鹅、鱼、蜂等家畜家禽的饲养技术。

《制造》一卷。主要讲述酿制酒、酱、醋技术和各种食物的制作方法、房屋建筑方法以及一些洗涤、收藏、修补方法。

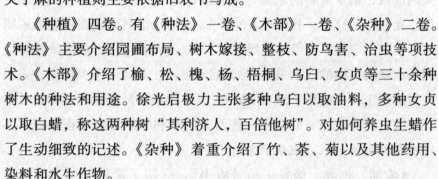

《荒政》十八卷。从篇幅上看，这一部分占了全书的三分之一。其中《备荒总论》半卷引用了《毂梁传》、《荀子》、《管子》、晁错、陆贽、苏轼等大量古今文献中的救荒言论，以阐明"有备无患"和"人定胜天"的思想主旨，强调预防为主。《备荒考》二卷半分别列举了从隋到明历代备荒赈灾的措施，以及一些具体的渡灾办法。最后是《救荒本草》十四卷和《野菜谱》一卷，收录了可以代食充饥的草、木、粮、果、菜类数百种，供灾荒时采用。这一部分大概是因为徐光启的原稿比较凌乱，陈子龙在整理时没能仔细考订，多加斟酌，把徐光启抄录来供参考用的文献资料统统编了进去，所以夹杂了一些无用的，甚至有迷信思想的成分，与全书严整的章法显得不够协调。

徐光启编写《农政全书》，对于农田水利、土壤肥料、选种嫁接、防治虫害、改良农具、食品加工、丝织棉纺等农业科学技术和农民生活的各个重要方面，都就当时能够达到的认识水平进行了深入细致的探讨，提出了自己的见解，并批判了阻碍生产技术进步的各种落后思想和落后方法。他把富国强兵的热望和对广大农民的深切同情寄托在这部划时代的巨著中。《农政全书》在历史上最早从国家政策的角度全面检讨"农政"的经验教训，对垦荒、水利、荒政给予特别的关注，系统总结了我国古典农业科学，这些都是他远远超出前人的地方。这样一部巨著，由一位年逾六旬、体弱多病的老者独力撰述，其艰难程度是可以想象的。只有凭着对国家对民族的挚爱和对科学的执着追求，凭着坚韧不拔的毅力和锲而不舍的精神，这位杰出的科学家才会给后人留下这样一笔丰厚的遗产。

虽然因为时代条件的限制和认识水平的局限，以及整理者未能完全理解徐光启的编写意图，使得《农政全书》也有一些不足之处，但瑕不掩瑜，随着时间的推移，这部著作蕴含的巨大科学价值，越来越清楚地为世人所认识。自从平露堂版本《农政全书》问世以来，此书一再被刊刻印行。迄今为止，《农政全书》的各类版本不下十种，对指导我国古代农业生产发挥了重要作用。作为我国传统农学发展史上的里程碑，它将永远熠熠生辉。

徐光启生活的时代，正是中国封建社会的末世。新生的资本主义生产关系萌芽，尽管最早在他的故乡孕育生长，毕竟还相当微弱，更谈不上在政治舞台和意识形态方面为自己争得一席之地。主宰着徐光启和与他同时代知识分子的，依然是封建正统思想。作为占统治地位的地主阶级的成员，虽然最后升迁到内阁大学士的高位，但仕途多艰，他在政治上的建议和主张很少被采纳，始终没有机会施展其富国强兵的抱负，建树不大。虽曾一度督练新军，也因处处受制而失败。可是，徐光启毕竟与一般封建官僚的声色犬马、奢侈糜烂不同，他清白自守，淡于名利，把全部聪明才智倾注于科学研究事业，对祖国科学发展作出了杰出的贡献。他的科学思想，如注重逻辑实证，采用实验手段，强调会通中西，讲求实学，重视培养人才，在中国科学发展史上占有重要地位。他主持编写《崇祯历书》，尤其是独自编著《农政全书》，创下了辉煌的科学业绩。所有这些，都是人们至今仍对他怀念和景仰的根本原因。

16. 攀登数学高峰的华罗庚

1979 年 11 月 9 日，在法国南锡大学的礼堂里，举行了隆重的授奖仪式。中国数学家华罗庚教授，在雄壮的中华人民共和国国歌声中，光荣地接受了"荣誉博士"证书，这是法国授予世界著名数学家的崇高学位。可是，这位荣获国际学术荣誉的数学家的手中，却只攥着一张初中毕业的证书。

罗罗的命运

在江苏省南部，有个县城叫金坛，那是一个山清水秀的鱼米之乡。就在这个城镇的一座石拱桥旁，住着一位小商贩华老强。

1910年11月12日，华老强收购蚕茧、土麻回来，他刚放下箩筐，听得"哇"的一声，婴儿落地了。

"噢，晚年得子，恭贺大喜！"接生婆把滚胖的"老来子"捧到华老强眼前。

华老强咧开大嘴笑了起来，"嘿嘿，昨天夜里就梦见生了个儿子，特地赶回来的。"接着，他操过一个箩筐，把孩子放了进去，上面又反扣上一个箩筐，喃喃自语着："进箩避邪，同庚百岁。"

孩子就取名叫罗庚。一个驰名中外的数学家，就这样诞生在破旧不堪的箩筐里……

的确，这些破烂的箩筐，并没有给华家带来一点生气和欢乐。父亲常常担着空箩筐，垂头丧气地走进自己的小杂货铺。

那小小的柜台后面，华罗庚正在帮母亲缠纱线呢！

父亲喊着华罗庚的小名："罗罗，帮着干活哪？"

"罗罗比他姐姐缠得还快呢！"母亲接过话头，又递给华罗庚一大支线，转身冲华老强说，"用这两天缠线的工钱，买了半斗碎米。"

父亲的嘴唇颤动了一下，没作声。

母亲叹了一口长气，"哎，这穷日子，真是清水煮石头，难熬呵！"

父亲板着阴沉沉的脸，拿起一本学算命的黄皮书《子平命理》，摇晃着脑袋一板一眼地哼哼着："天干、地支，年、月、日、时、八字属相……"突然，父亲威严地喝了一声："罗罗，全背下来！"

"好！"罗罗接过书把胸脯一挺说："阿爸，我学会算命，帮家里挣钱。"

163

华罗庚起小记性好，过目不忘，那大小流年，背得滚瓜烂熟。他还学着给人算八字呢？七算八算，他可看出了破绽，"啊哈，全是骗人的玩意儿，原来同一个时辰的人，有着不同的命运呢！穷人总是薄命的！"

华罗庚生气地把《子平命理》往地上一扔，"屁话！一个人的命运是操在自己手里的。"他一把拉过书包，拿出代数书举在空中，冲着父亲喊了起来：

"学数学，才是真的科学呢，从这里找出路！"

罗呆子破难题

华罗庚扔掉了算命书，钻到数学里去了，他整天低着头趴在柜台上做数学习题。

有一天，父亲的一个朋友来到柜台前面，把铜板往柜台上一扔："买根香烟。"

华罗庚没有听见，仍旧低头不停地写着。

"买烟，罗罗！"那人拉开了喇叭腔。

父亲从里屋三步并做两步跑了出来，给朋友递上一支烟。他收起铜板，看了儿子一眼，"成天抱着'天书'，能当饭吃?!"

那人笑笑说："你们父子俩像十二月门神，一个向东，一个向西呀！"

父亲咬着牙说："蛇吞象，不自量！"

"罗罗"那人又笑了笑，劝解地说，"你阿爸一大把年纪了，你还不一门心思帮他做生意，这些'天书'给你们家攒不来半个铜板。"

华罗庚一声不响，又低头写了起来。

"哼！真是个呆子。"父亲没好气地说。

从此，街头巷尾传开了，"罗罗改名啦，他阿爸都叫他呆子"。

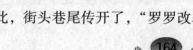

说真的，他的呆劲上来呀，忘了喝水，忘了吃饭，要是碰上个难题呀，小灯里的豆油熬干了，他还不上床睡觉呢！

华罗庚上初二那年，有一天，数学老师讲完课，对同学们说："我给你们破一道有趣的难题。"

同学们一个个瞪大了眼睛。

数学老师闭起两眼，拖着长腔，脑袋来回晃悠着说道："今有物不知其数，三三数之剩二，五五数之剩三，七七数之剩二，问物几何？"

老师的话音未落，一个带着乡土气息的男同学应声答道：

"老师，是23！"

全班同学刷地把眼光都集中到这个同学身上来了。原来不是旁人，正是那个课外贪玩好动，不爱说话的罗呆子！

老师惊奇地问："你懂得神机妙算吗？你懂得韩信点兵吗？"

"不懂，我没听说过。"这个朴实的学生给了一个朴实的回答。

于是老师就说开了："这个问题，是我国古代数学的光荣，到现在，外国教科书上还命名为'中国剩余定理'，也叫'孙子定理'。"

"中国剩余定理？"华罗庚出神地望着老师，不知其中的奥秘，虽然他在后来的工作中，经常巧妙地、灵活地、变化多端地运用这个方法。

老师那威严而又疑惑的目光，又落在华罗庚的身上。他不知道剩余定理，不过，即使他知道用这个定理，也不至于这么快就得到答案哪！"华罗庚，你用什么方法运算的？"

华罗庚答道："一个数，3除余2，7除也余2，那必定是21加2，21加2等于23，不刚好是5除余3吗！"

"嗯！"老师满意地点点头，又转向大家："你们听懂了没有？"

同学们一个个瞪着大眼，望着老师。

下课铃响了，顿时，叽叽喳喳，一阵轰乱，教室里像开了锅的水。一个年纪大的同学撇了撇嘴说："哼！呆子也会破难题，瞎猫碰死老鼠！"

可不是嘛，谁能相信小学毕业的时候，仅考了个 50 分的罗呆子，居然能够解开扬名中外的剩余定理。可是，谁又能知道，这个罗呆子日夜付出了多少辛勤的劳动呢！

弄斧到班门

为了帮助家里挣钱，华罗庚经常跟着父亲出去干点零活。有一次，华罗庚跟随父亲到金坛茧场盘点蚕茧。父亲掌秤，儿子监秤。华罗庚一进茧场，就看见堆成小山似的蚕茧，雪亮雪亮的，眼看蚕蛹就要变成蛾子，钻出茧子来了，怪不得老板敲着长烟袋，在旁边使劲地叫唤："快点，快点，弄不完不准吃饭。"

他们父子两个和伙计们整整折腾了一天又加大半夜，华罗庚困得脑袋直摇拨浪鼓，靠在神柜边就呼呼地睡着了。

一阵烟雾钻进他的鼻孔，把他给呛醒了。他睁眼一看：哟，香炉里直冒浓烟，旁边还围着一大排人，两手合拢抱在胸口上，嘴里念念有词："阿弥陀佛，菩萨保佑……"父亲呢？紧锁着双眉，一动不动，像根木桩。

华罗庚一骨碌爬起来，凑到父亲跟前，"阿爸，出什么事了？"

"哎，两厚本账对不上，差上千块钱。"父亲哭丧着脸说。

场里的伙计凑到老板跟前说："老板呀，鞋里长草慌了脚！要是出了蛾子，就全完蛋啦！"

老板扬了扬手说："大家先吃饭去，填饱肚子再算！"

伙计们拖着沉重的脚步往外走去。华罗庚立在那里没动弹，父亲扯扯他的衣角："走呀，罗罗。"

"我来看看账本，你们吃完消夜儿定定心再算。"

小伙计乜斜他一眼，笑道："别班门弄斧啦！"

华罗庚没有作声，他在心里对自己说！"哼！我偏要在鲁班门前耍一耍大斧。"

华罗庚看大家都走了，他抓过算盘，劈里啪啦地算起账来。

当大家吃完消夜儿进屋的时候，华罗庚高兴地说："阿爸，账货对口，一文不差。"

父亲拿过账本检查了一遍，破脸笑了。小伙计跑过来，拉起华罗庚的手："咳，真没想到你是个'活算盘'。"

华罗庚从小就喜欢解难题，尤其是得伤寒病左腿残废以后，更是把全部精力都用在思考各种各样的数学难题上。他的老师王维克把难解的习题和新出版的数学书，破例地借给他。有一天，他突然发现大学教授苏家驹竟然解错了题，他提笔解析这位知名数学家的论文，不觉心头一笑："嘿！这回真的要在鲁班门口抢大斧啦！"

1930年，华罗庚的《苏家驹之代数的五次方程式解法不能成立的理由》，在上海《科学》杂志上发表了。

一个失学在家、卖点针头线脑的小店员，向大名鼎鼎的数学权威挑战了！

当时，在清华大学担任数学系主任的熊庆来教授，看到了华罗庚的这篇文章以后，高兴地说："这个年轻人真不简单，快请他到清华来！"

"方法就是速度"

1931年夏天，华罗庚到了清华大学，在数学系当助理员。你看他，领文具，收发信件，通知开会，还兼管图书，打字，保管考卷，整天忙得不可开交。可是到了夜间，他也从不安闲，三天两头跑图书馆。

有一天，几个同学围着图书馆的管理员问道："嗳，华罗庚又借了几本书?"

"五本!"图书管理员伸开巴掌比划着。

"那前两天借的那大厚本《函数论》呢?"

"已经还了。"

同学们瞪着疑惑不解的眼睛:"这个大部头,至少也得看个十天半月的。可他只用几个夜晚就读完了。"

一个同学说:"像他这样看书,不是走马观花,就是浮光掠影。"

另一个同学神秘地说:"听说他长了一对猫眼,黑夜里也能看书。"

"哦,是真的?"

"那今天晚上我们去侦察一下。"

这天夜里,几个同学借着月光,悄悄地来到华罗庚的窗下。只见他翻开书本,看了一阵,关上灯躺下了,把书立在胸脯上,两眼直直地盯着它……

同学们眼看着月亮跨过了树梢,爬过了房顶。这时候,华罗庚才拉开电灯,翻到最后几页看了看,脸上掠过一阵满意的微笑,便把书撂在一边,又拿起另一本书兴致勃勃地读起来。

同学们推开房门,一哄而入,"嗳,华罗庚,你是咋学的? 快说,别保守啊!"

原来,华罗庚有着奇特的读书方法,他不光用眼看,而且能在黑暗里用心看。他说:"每看一本书,都要抓住它的中心环节,独立思考,自求答案。要是结论和书上一样,就不必一字一句地去记忆。因为了解了以后记住的东西,比逐字逐句的记忆更加深刻。如果说,知识是距离,那么,方法就是速度。不断改进方法,可以加快速度,缩短距离。"

就这样,华罗庚用他的"直接法",大口大口地吞食着数学宝库里的知识营养。

他，以惊人的毅力，只用短短的一年半时间，攻下了数学专业的全部课程。

他，以敏捷的才思，一口气写了三篇数学论文，寄到国外，全都被发表了，创造了当时清华园的最高记录。

数学系主任熊庆来教授亲自推荐华罗庚加入大学教师的行列，清华大学理学院院长叶企荪，破格地接纳了这位自学成才的年轻学者。这一年，他刚满 24 岁。

从此，一个没有大学文凭的助理员，破天荒地得到了大学教师的头衔，并且被送到英国深造去了。

人们称颂他："华罗庚无师自通，独辟蹊径。"

青年们询问他："成才的奥秘究竟是什么？"

请读一段华罗庚的自白吧：

"中国古代有句老话：'班门弄斧，徒贻笑耳'。可是，我的看法却正好相反：弄斧必到班门。因为只有不畏困难，勇于实践的人，才有可能攀登上旁人没有登上过的高峰。"

天才的光荣称号，决不会属于懦弱的懒汉。

牲口棚上的论文

抗日战争爆发以后，1938 年，华罗庚告别了留学两年的英国剑桥大学，返回祖国，在西南联大担任数学教授。

坐落在昆明"翠湖"湖畔的这所国立大学，常常被日本重型炸弹的烟尘所污染，华罗庚每次讲完课，总要在野草丛生的校园里，呼吸一点新鲜空气，然后步行二十来里路，回到大塘子的破阁楼里。

有一天，他刚爬上低矮的楼梯，看到华师母的眼里蒙了一层泪水："怎么，不舒服了？"

"没有。"华师母连忙用衣角揩揩泪痕，背着亮坐下了。

"米又接不上了？"

举止文静的华师母点了点头。

"又到了秦琼卖马的光景啦！"华罗庚的眉宇紧锁起来，两只熠熠闪光的眼睛，环视着这间既是卧室、书房，又兼厨房、厕所的"四合一"的房间，"还有什么可以拿出来卖的？"

"这年月，兵荒马乱的，有的教授都改行到仰光跑买卖去了，你也去找个别的门路吧？"华师母抬头瞧着丈夫的眼睛问："是不是到哪个中学兼个课？"

华罗庚指着桌上的《堆垒素数论》的文稿说："我哪里有时间呢。"

"总得想个办法，物价天天往上涨呀！"

华罗庚一边整理着层层叠叠的稿纸一边说："过去，在金坛学数学的时候，全家人省吃俭用过穷日子。今天，当了教授写论文，还得省吃俭用过紧日子呵！哈哈！"华罗庚仰脖大笑起来。他那保留着稚气的娃娃型脸盘上，洋溢着青春的活力。

他的一席话，说得华师母也舒展开细长的双眉："那你就快写吧，我自己想办法去。"

"好！"

华罗庚顺手在旧棉絮上摘了点棉花，搓成细条，放在破香烟罐改装的油盏里，点燃灯芯，埋头写了起来。

突然，楼板下面传来"唔——唔——"的尖叫声。

华罗庚顺着声音从楼板缝往下看去，哦，马蹄子踏在猪身上了。他叹了口气，又趴在桌上继续写。

不知又从那里传来"咯吱、咯吱"的声响，他抬眼四下察看，发现小阁楼在晃动，他不由自主地又朝楼板缝向下看去，喝！一条灰色大水牛的脊背，正在破柱子上蹭痒痒呢！他苦笑了一声："嘿嘿！猪马牛同圈，而我与之同息，怎能不打断思路呢？呜呼！"

夜深了，昆明的郊外，一片寂静，只有那棉纱头上的小火苗，仍旧在欢快地跳动着。

华师母睡醒一觉，看到丈夫还趴在桌上写着，"怎么？你还不睡呀！"

华罗庚调过笔杆使劲敲着桌子："哎呀呀，你怎么也来打断我的思路呵！"

"看你这火暴性子，也不看看天都快亮了。"

"哦？"华罗庚直起腰来看了看窗外，赶忙赔着笑说，"我马上就睡，马上就睡。"

"咯吱，咯吱。"小阁楼又晃动起来，一股灰土从破旧的房顶上泻下来，落在那堆得小山头似的《堆垒素数论》的文稿上。华师母赶忙过来抖落上面的尘土，瞧着密密麻麻的数学符号说："还没堆完哪？"

华罗庚伸了个懒腰，感叹地说：

"啊——古今中外的数学著作里，堆垒着科学家多少思维的精华，智慧的峰峦呵！"

"看你，诗兴又来了，快睡吧！"

"噢……"华罗庚强忍着腿骨的酸痛，双手撑着桌子站起来，一步一拖地走到床边。

晶莹的泪水在华师母的眼睛里浮动着，泪珠，一滴一滴落在《堆垒素数论》的文稿上……

报效祖国

华罗庚驾驶着瓦蓝色的小汽车，在美国阿尔巴城的一座优雅别致的小洋房前停下了。他一下车就挂着拐杖急步走进客厅，冲华师母喊了起来：

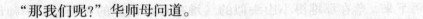

"中国解放啦!"

"什么?"华师母惊异地站起来。

"我们的祖国解放了,"华罗庚扬了扬手中的报纸,"贫穷落后的黄种人,站起来了!"

"这一天总算盼到了。"

"来美国整整四年啦!"

"昨天还梦见回上海去了呢!"华师母的眼圈红了。

"爸爸,大姐来信啦!"孩子举着信跑了进来。

华罗庚拆开在北京大学物理系学习的中共地下党员、大女儿华顺的来信:"哦,有的华侨已经准备回国罗!"他那炽热的眼睛里闪动着泪花。

"那我们呢?"华师母问道。

"我们?"华罗庚推开客厅的窗户,抬头扫视着矗立在后花园中的高大的苹果树,他那英俊的脸上,酝藏着刚毅、果断的神色。突然间,他霍地调转身来,斩钉截铁地说:"叶落归根,回去,回自己的祖国去!"

"那房子呢?"华师母一边环视着宽敞的客厅和漂亮的家具,一边关切地问道。

"原封不动!"华罗庚胸有成竹地说。

"汽车……"

"先借给别人。"

"衣物呢?"

"只带随身换洗的。"

"被子,总要带几床……"

"不,两袖清风,到香港再买!"华罗庚走到沙发跟前斜躺下来,"千万不能透露风声,要是惊动了联邦调查局的先生们,就难以脱身罗!"

1950 年初春的一天，华罗庚夫妇领着三个孩子，来到旧金山海湾。

美国朋友悄悄地登上海湾的码头，来送别相处四年的中国数学家、伊利诺大学的教授——华罗庚先生。

一位身材高大的数学教授走上前来握着华罗庚的手："密斯脱华，真要走？"

"嗯，回自己的祖国去！"

"你的学识渊博，令人敬佩！如果把这一切抛到贫穷落后的国土上去，难道不觉得遗憾吗？"

华罗庚抬了抬近视眼镜，点头道："是呀，学术研究固然是崇高的事业！可是，只有把它献给祖国的时候，才具有真正的价值！"

"你已经被聘为终身教授，如果能继续留在美国，一定会有更多的论著。"

"我是一个中国人，我要为祖国尽力。"身量魁梧的中年数学家看了一眼自己的妻子，自豪地说，"是这样，来，是为了回去！"

和华罗庚同龄的华师母，嘴角挂着宁静的笑容，望着丈夫点了点头。

美国朋友摊开两手耸了耸肩："真是遗憾，遗憾啊！"

四周的空气好像一下子被凝结住了，只有那太平洋的激浪，在不断地拍打着旧金山海湾的礁石，发出"哗，哗"的回响……

华罗庚拾起拐杖，迎着海面的春风，大步踏上邮船，他回首对美国朋友们深情地说：

"再见了，朋友，后会有期。"

餐厅里的海报

1979 年夏天，幽静的英国伯明翰大学，突然热闹起来。报告厅前，小卧车川流不息。两鬓斑白的老教授，精神抖擞的青年数学家，像潮水一样涌进大厅。他们是来听华罗庚做"优选法和统筹法"的报告的。

华罗庚先生的名字，早已保留在英国人的记忆里。那是 43 年前，1936 年的夏天，华罗庚曾经来到当时被称为英国的数学摇篮——剑桥大学留学。这位自学起家的东方学者，刚踏进这座驰名全球的高等学府，就向数学的制高点：华林问题、泰利问题、哥德巴赫问题，发起了猛烈的进攻。他，居然在短暂的两年时间里，登上了新的高峰。人们夸奖他，颂扬他：

"数学权威们颇感兴趣的泰利问题，被中国的数学先驱者突破了。"

"数学之王高斯留下的难题，也被这东方数学家华罗庚先生攻克了！"

当时，连扬名世界的数学家哈代也赞不绝口："太好了，太好了！连我的著作也要修改了。"

一位著名的英国学者读了华罗庚在剑桥写下的十几篇论文，扬起双臂兴奋地说：

"这是剑桥的光荣！"

华罗庚从 1938 年告别剑桥回国以后，在这将近半个世纪里，他的数学著作，不断再版、发行。所以，人们对华罗庚的名字是记忆犹新的。

这一天，他的报告刚刚结束，人们热情地拥上讲坛。有的上前表示衷心地祝贺；有的举着照相机，要求和他合影；有的递上华罗庚的著作，请他签名留念；还有的数学家送上自己即将出版的预印本，请他提意见；一个从数百里外赶来听报告的华裔数学教授挤上前来，要求最先留下华罗庚的名字，寄给台湾的亲属……

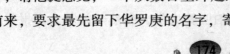

174

华罗庚谦逊地笑着说："请行家们多提意见。"

这一天，来听华罗庚报告的，并不都是数学家，还有不少医学家、工程学家、机械学家。他们是看到餐厅门口的海报而来听讲的。

华老的助手高兴得一口气跑到餐厅门口，一眼就看见了那张大海报，上面写着：

"应用数学报告，主讲人华罗庚

题目："为千百万人的数学"

"哎呀，这个题目改得太好了。"他的耳边回响起华老的声音："我们的知识从人民中来，应该回到人民中去。"他回想起这十多年来，华老带着他们走南闯北，到各处推广优选法和统筹法，足迹遍及大半个中国，二十多个省、市、自治区的一百六十个城市，到了上千个工矿企业做报告，给国家节省了多少的石油、粮食和钢材呀！

当天晚上，助手和华老来到餐厅，他指着海报说："这题目改得真妙！"

"是呀，我们的数学就是要走出书斋，为千百万人服务。"华老在餐桌旁坐下来，一边喝着咖啡一边说，"我们，好比是一滴水，千百万人民群众才是汪洋大海。当一滴水投进大海的时候，他就会发现要求变了，不再考虑怎样不使自己干枯的问题，而是服从沧海的需要了。但是，你们不要强调了应用，而丢掉了理论。"

助手想起在那"四害"横行的日子里，华老总是半夜三更抓他们起来讨论优选法和统筹法的情景，深深体会到：如果没有坚实的理论基础，是培养不出这鲜艳的应用之花的。

和祖国前进的脉搏一起跳动

1981 年初，华罗庚在美国参加完第四届国际数学教育会议以后，应旧金山湾一些知名数学家的邀请，到他们家中做客。

2 月 5 日，当华罗庚来到依山傍海，碧波萦绕的海滨别墅时，七十多岁的美籍华人陈老夫妇早已在门口等候。老教授兴致勃勃地迎上前来："密司脱华，这次一定要在这里多住几天啊！"

"当然，当然！"华罗庚含笑点头，"离别美国 30 年，许多老朋友都桃李成行了。"

"这次，请你这位伯克莱大学数学系的前任教授回来讲学，机会难得呵！"

这一天，陈老夫妇俩还请来了许多新老朋友，与华罗庚叙旧联欢，促膝谈心。

一位身材高大的美国朋友，走到华老跟前，他扬起剑眉问道："还记得我吗？密司脱华。"

"你是……"

"1950 年你回国的时候，我们在旧金山湾给你送别，那时候，我曾经为你离开美国而惋惜。"

"哦，记得，记得！"

"可现在你攀上了数学的高峰，这是中国的骄傲！"

是啊！30 年来，华罗庚在贫穷落后的中国国土上，洒下了自己的一片心血！

在这 30 年中，他的巨著《数论导引》，震动了西方数学界，人们称赞它超过了知名数学家哈代和拉伊特的数论导引的名著；

在这 30 年中，他和万哲先合著的《典型群》，又一次在西半球引起强烈反响；

也是在这风雨多变的 30 年中，他的统筹法和优选法在国内大力推广，在国外，也引起了广泛的兴趣。他为我国数学理论联系实际开创了一条新路。华盛顿大学的一位教授在赠给华罗庚的著作上留言，称他是"数学的先驱者，作了开创性的工作。"

此时此刻，华罗庚也以同样的热情，注视着这位美国数学界的老教授，他又抬出 30 年前离别时的老话："我是一个中国人，要为祖国尽力，来，是为了回去！"

"佩服，佩服，密司脱华，哈哈……"

在座的人也都开怀大笑起来。

夜深了，华罗庚走到凉台上，凝望着辽阔的太平洋海面，海水激起层层浪花，滚滚向前。他心中翻滚的思潮，回到了祖国大地。他用苍劲有力的大手，按在起伏的胸口上，默默地对自己说：这颗滚烫的心，要和祖国前进的脉搏一起跳动！

他提笔疾书：

"中华民族是有志气的，十年浩劫，挫伤不了我们的锐气。中华儿女只有想法克服创伤，紧追上去的义务，而没有畏缩不前，丧失信心的权利。我们无论在什么困难面前，都要敢于在鲁班门前耍大斧。'弄斧到班门'，这是我一生的主张。如今，我虽年已古稀，然而——

横刀那顾头颅白，

跃马紧傍青壮人。"

17. 大数学家苏步青的成长历程

天真小牧童

1902 年 9 月 23 日，苏步青出生在浙江平阳卧牛山一户普通农民家庭。父亲粗通文墨，对儿子的前途充满希望。他借助"平步青云"这个成语，给儿子取了个含义深刻的名字。苏家祖祖辈辈都靠种田为生。父亲 10 岁就下田劳动了，在 40 岁左右，得了严重的风湿性关节炎，再也无法从事重体力劳动了。好在他有一点文化。在别人的劝说下，他学了一些阴阳五行，当起了风水先生。

父亲当了风水先生，每天总要读一点书，这激发了童年苏步青认字的兴趣。每天晚上，在一盏菜籽油灯下，父子俩一个背诵阴阳八卦，一个好奇地认书上的字。父亲嘴里念念有词。儿子对书上的内容不感兴趣，把注意力全放在书上写的是什么字。他常常蘸着水，在桌子上写风水书上的山、田、土、水等字，边写边认。

他一字不落地往下记，不认识的立刻问父亲。父亲对儿子有问必答。在不知不觉中，一本风水书被这个孩子读完了。他的识字数量也达到了足可以粗读一般书籍的程度。

苏步青见字就问、认识了就写的行为引起了父亲的注意。他意识到儿子是个读书的材料，于是，就找到了苏步青的伯父。他正开私塾馆。父亲请求让苏步青免费来跟伯父读书，因为他们家交不起学费。伯父同意了，条件是苏步青要替他烧饭。

7岁的苏步青进了伯父的私塾馆。私塾馆坐落在卧牛山脚下。伯父见这个东张西望的侄子进来，就扔给他两本书：《三字经》和《百家姓》，然后就让他和别的孩子一起上课了。上课时，伯父在台上闭着眼睛背，学生在课堂下面跟着哼，学生对于所学的内容懂与不懂，伯父从来不问，也不喜欢学生提出问题。下课了，别的孩子可以无忧无虑地到处跑着玩去了，而苏步青却要到伯父的房子里为他烧饭。

在伯父的严格管束下，苏步青认识了不少字。有一天，父亲告诉苏步青："伯父因为教书养活不了自己，私塾馆不办了。他另谋生路去了。你暂时没学上，从明天起，给你一只鞭子，你去放牛吧。"

天真的苏步青觉得放牛比上私塾馆更好，就高兴地说："去放牛，那太好啦。"就这样，童年的苏步青当起了放牛娃。

放牛的时候，苏步青有时和小朋友们一起玩耍，但是，更多的时候是躲在一边读书。一本残破的《三国演义》，他翻来覆去地读。

他读书很专心，有时坐在草地上读，有时躺着读。在放牛回家或从家中出来的路上，他就坐在牛背上读。到后来，他不仅能够讲解书中的故事情节，而且能够大段大段地背诵。苏步青把书读明白了，书中的人物就对他产生了强烈的吸引力。

童年的苏步青和其他精力旺盛的孩子一样，不仅喜欢张飞的形象，更喜欢张飞的性格。好动的放牛娃们，常常折一根竹子或一根树枝当长枪，学着张飞打仗的样子，互相用竹棍刺杀起来。有时他们在草地上对刺，有时骑在牛背上对刺。在地上比划，大不了被树枝划破皮肤，但是，在牛背上比划，孩子们那哇啦哇啦的声音，让吃草的老牛不舒服。它们不高兴了，就走一走或跑一跑。牛一跑，坐在牛背上的孩子就会摔下来。

有一次，苏步青和小伙伴们又在牛背上玩起了"张飞战马超"游戏。孩子们骑着牛来来往往地追逐着，先是在山坡上跑，后来，跑进了竹林。孩子们忘情地玩耍，什么也不顾了。苏步青骑的牛一个纵身跳跃，把他从牛背上颠了下来。苏步青背朝下，面朝天，跌落在两根砍伐过的尖尖的竹茬之间。倒在地上的苏步青，看到那张牙舞爪、尖端朝天的竹茬，浑身肌肉都抽紧了。好险呀！如果这竹茬扎在背上，会是一种什么结果呢？他被吓哭了。当天晚上他还做了噩梦。

被人瞧不起的穷学生

苏步青整日和小朋友们在牛背上玩闹，引起了父母的不安。他们既担心儿子不知深浅地打闹会造成意外受伤，更担心长此下去，孩子必定会成为一个不思进取的农民。怎么办？对子寄予厚望的父亲决定节衣缩食，让儿子继续读书。此时，苏步青已经到了念高小的年龄。高等小学只有县城才有。父母计算了一下，虽然财产不多，收入很低，但是，暂时还没有到揭不开锅的程度。他们横下一条心，把儿子送进县高等小学上学。当父母把这个决定告诉苏步青时，他很高兴。

县城离苏步青家住的村庄有 50 多公里，当时交通很不方便，山路崎岖，来往一趟需要很长时间，因此，他不得不住校。在离家的前一天晚上，母亲再三叮嘱，要苏步青一个人在外，好生照顾自己，要吃饱饭，还要守规矩，不要惹事，以免被人欺负。母亲说这些话时，还流下了眼泪。直到苏步青说，他记住了母亲的话，母亲才获得了一些安慰。

为了当天赶到县城，苏步青父子天不亮就启程了。父亲挑了一担米，作为第一学期的学费。苏步青的行李，也放在了父亲的担子上。苏步青自己则提了一个包袱，里面装了他的衣服和学习用品。晨雾中，父子俩在山路上艰难地行走着。父亲知道，送儿子上学，家里不仅少了一个劳动力，而且，增加了一大笔开销。这对于一户穷苦人家来说，是很困难的。可是，不送儿子上学，儿子就会像父亲、祖父一样，永远没有出头之日。

走了几十公里山路，父亲累得满头大汗，儿子也气喘吁吁了。这时，苏步青说他有点饿了。父亲就停下来。他们坐在路边的石头上。苏步青掏出食物，那是几只煮熟的鸡蛋。他剥掉蛋皮，大口地吃起来。他边吃，边向父亲看去。此时父亲也在吃东西，吃的是野菜团子。当看到父亲在吃野菜团子时，苏步青心里有一种说不出的滋味。

来县城上高小的学生，多数是有钱人家的孩子。像苏步青这样贫穷的人家，很少有人到这里上学。所以，来到县城高等小学，苏步青就进了一个不属于自己的群体。个子矮小、衣服破旧、头发蓬乱、脸色黑黄的苏步青，在这些有钱人家的孩子中间，显得特别扎眼。他一进教室，就成了富家弟子嘲笑的对象。据苏步青自己回忆，他来到县城高等小学后,上完第一堂课,在课间休息时,就遭到了同学的羞辱。一个同学问他叫什么名字。苏步青向他介绍说:"我叫苏步青,苏是草字头的苏,步是脚步的步,青是青天的青。"那个学生有些小聪明,立刻就说:"平步青云的意思,一个穷光蛋,还想上青天?做梦吧!"别的孩子也跟着起哄。听到别人的嘲笑,苏步青怒火冲天。他真想狠狠教训对方。可是,正准备动手时,他突然想起了母亲的叮嘱,一个人在外,举目无亲,能忍则忍。想到这里,苏步青忍下了屈辱。

在上课时间,那些家里有钱的孩子,迫于老师的管束,还不敢太放肆。到了晚上,老师回家了,宿舍里是学生们的天下。这时,他们就开始无所顾忌地打闹了。南方的夏天,蚊子很多。每个住校的学生都有一顶蚊帐。富人的孩子用的都是洁白干净的蚊帐;而苏步青用的却是破旧发黑的蚊帐,上面还补了几十个补丁。宿舍里除了苏步青之外,全是有钱人家的孩子。他们嫌苏步青的蚊帐破旧,给宿舍里添乱,说他不配住在这里,要求苏步青搬离宿舍。苏步青据理力争,说这是学校让他住的。可是,他们与管楼的先生串通起来,把苏步青从宿舍里赶了出去。

被赶出来的苏步青,在二楼的楼梯口搭起一个临时床铺,挂上那顶破蚊帐,在这里睡下。在屈辱和孤独中,苏步青含着眼泪睡着了。他还是第一次遭受如此大的屈辱,也是第一次独自一人在外过夜。睡到半夜,他在梦中觉得自己好像突然从山坡上滚了下来。醒来他才发现,自己不是在床上睡觉,而是在一楼的楼梯口躺着。原来刚才他是从楼梯上滚了下来。苏步青又爬上楼,重新回到了小床上。

面对屈辱、孤独和伤痛,苏步青回忆起幸福温暖的家。他想起和哥哥、姐姐一起摘枇杷,和小朋友们一起放牛,坐在父亲身边阅读算命书，全家人围在一起喝红薯粥。那些都是他幸福快乐的时光。想到这里，他就更觉得屈辱。此时，他产生了放弃上学、回家放牛的念头。父母的关爱、家庭的温暖、乡童的友谊、兄弟姐妹们在一起时的欢乐，都与学校孤单、屈辱的环境形成鲜明对照。

突然，他想起了父亲的嘱咐。父亲一直对苏步青寄予很高的期望。在几个子女中，为苏步青上学，家里投入最多。想一想父母的期望，苏步青下决心战胜屈辱，坚持读书。

苏步青强忍着屈辱留下来继续上学，然而，孤独、苦闷和老师浓重的闽南话，都给他的学习带来了严重的障碍。他一听老师讲课就发困，一见那些趾高气扬的富家弟子就来气。回到宿舍，他看到那个势利眼的管理员，更是懊恼万分。在这种环境里，他一分钟也不愿意呆。怎么办？为了减轻环境的压力和课堂上的烦恼，他就到大街上看热闹。

县城里的热闹和新奇，对于苏步青减轻精神压力、解除心理痛苦产生了作用。在看热闹中，他忘却了富家子弟对他的欺辱，忘记了课堂上老师那令人厌恶的面孔。

三期"背榜生"

苏步青为了减轻心中的烦恼，到大街上寻找乐趣，却忽视了学习。他经常旷课，迟到，不完成作业。为此，他受到教师的惩罚——罚站。

可是，罚站并不能帮助苏步青改掉往大街上跑的坏习惯。他站了几次后，不再觉得不好意思，而是坦然地站在那里，想听课就听一听，不想听课了，就想大街上的热闹事。惩罚结束后，他继续往街上跑，仍然痴迷地观看集市上的热闹场景，倾听市场上嘈杂声，而对于学习则是应付了事。当老师见惩罚还不能帮助苏步青集中心思学习时，就不得不采取极端措施，即当众宣布，不准苏步青出学校大门。

　　学校限制了苏步青的行动自由，却没有激发起他的学习兴趣。下课之后他就在校院里游荡，寻找新鲜事物。有一天，他来到学校烧开水的老虎灶前，看见一口大锅里烧着满满一锅水，快要开的水缓缓冒出蒸汽。苏步青突然想到家里煮鸡蛋时，是把鸡蛋放在水中。他突发奇想："要是把鸡蛋放在水中一定很好玩。"于是，他找来一只鸡蛋，在鸡蛋壳上打了一个小孔，然后乘烧水的师傅不注意，把它丢进锅里。只见锅里冒出一片乳白色的蛋花，蛋清外溢后的空蛋壳则随着翻滚的水上下翻腾。看到这些，苏步青高兴地笑了起来。笑声惊动了烧水的师傅。当看到满锅的水都被弄脏后，他就愤怒地对苏步青说："你干了什么？把我的水全给弄浑了。"这时，苏步青才知道自己闯了祸。他本能地扭身拔腿就跑。然而，已经来不及了，烧水师傅追上了苏步青。他先是一把将苏步青推倒在地，然后又把苏步青提起来，责问道："你为什么搞浑我的开水？"苏步青小声说："是想看一看鸡蛋放到开水里是什么样子。"烧水师傅把这个淘气的孩子揍了几下，就把他放了。

　　贪玩，旷课，不做作业，不好好听老师讲课，也不认真思考问题，只想着如何寻找新鲜和刺激，这样的学生不管多么聪明，也不会获得好成绩。第一学期期末考试，苏步青得了最后一名。当时学校为了激发好学上进的学生，同时也是为了刺激学习成绩差的孩子，就把期末考试成绩公布出来。张榜公布成绩时，按照考分高低顺序排列。成绩最好的人，当然放在头一名，考试成绩最差的学生，放在了最后一名。当地人称最后一名学生把整个成绩单都背起来了，因此倒数第一名被称作"背榜生"。来县城上学的第一个学期，苏步青就当上了"背榜生"。这当然不是光彩事。本来就被人瞧不起的苏步青，当了背榜生后，更觉得没面子。学校放假了。当苏步青把自己的成绩带回家后，对儿子充满希望的父亲拿着成绩单直叹气。

当了背榜生的苏步青，下决心改变自己的状态。他想好好听课，认真完成作业。可是，老师讲解的内容、课本上写的东西，都没有大街上的新鲜事有吸引力。每天上课时，他听着老师的讲解，耳朵里就传来大街上小贩的叫卖声，脑子里浮现的是猴子向人要食物的动作。这种心不在焉的状态，当然不可能把知识学懂。再说，与上街看热闹相比，学习是一项又苦又累的差使。所以，苏步青在背榜生的压力和父亲叹息声的刺激下产生出的一点欲望，很快就消失了。他继续贪玩，到处寻找热闹和刺激。只是不再搞恶作剧了，因为，烧水师傅的拳头使他记忆犹新。他怕受皮肉之苦。

第二个学期快要结束了。临近考试时，苏步青才觉得没有学到什么东西。期末考试成绩公布了，苏步青又成了背榜生。放假了。苏步青怀揣着这份自我感觉很不光彩的成绩单，怏怏不悦地回家了。

第三个学期刚开始，苏步青曾升起一点学习欲望，想努力把成绩提高一些。可是，这种热情并没持续多久，他又回到了贪玩、厌学的状态。这个学期的期末考试，如同前两次一样，苏步青又一次把成绩榜"背"起来了。

学校就要放假了，老师让苏步青通知他父亲来学校一趟。老人家不知发生了什么事，跑了几十公里的路，战战兢兢地来见老师。苏步青的老师对这位贫苦的农民说："你儿子不喜欢学习，也不聪明。看来读书不适合于他。你家境并不好，一个学期两担米的学费，对于你这样的家庭不算小数目。孩子不愿意学，花这个钱干什么？把孩子领回去教点农活儿，让他长大后老老实实地种田吧。"听完老师的话，苏步青的父亲叹着气，挑着行李带儿子回家了。

偶遇恩师发奋学习

父亲仍然对儿子充满希望。他相信自己的儿子是听话的，也是愿意学好的。所以，这个贫穷的父亲，并不想让儿子当农民。他在为苏步青寻找新的学习机会。

苏步青从县城高等小学回家不久，家乡附近的镇上办起一所小学。父亲听说后，立即把苏步青转入这所学校读书。这里离家只有7.5公里路，便于父亲了解儿子的情况。

这所学校的老师讲的不是苏步青听不懂的闽南话，上课用的是本地方言。这使苏步青听起课来觉得轻松有趣。上国文课时，苏步青听得很认真。他喜欢古文，也有这方面的基础。因此，苏步青在新的学校里，国文课学得不错，特别是作文，更是他喜欢的科目。然而，此时的苏步青，还没有改变贪玩、好动、坐不住、喜欢四处乱逛的习性。所以，尽管他国文课学得很好，可是，老师对他印象却很差。有一次，苏步青交了一篇作文，文章写得很好，使用了一些古代散文的语言，读起来朗朗上口，还有一定的思想内容。老师对苏步青有偏见，认为苏步青这种吊儿郎当的孩子，不可能写出这样的好文章，就武断地认为是抄来的。这个有偏见的先生，不仅给苏步青的作文批了一个"毛"（差的意思）字，还对苏步青说："抄来的文章再好，也只能骗自己……"苏步青听了这话，气得连国文课都不想上了。他一度对国文课非常反感。老师上国文课时，他故意把头扭到一边，连听都不想听。

不久，学校来了一位新老师。他的地理课讲得非常出色。每当上地理课时，他就在黑板上挂出一张世界地图，给学生们讲述世界的大洲、大洋、名山、大川、各国的地理位置等等。他把地理课讲得生动有趣，一下子就吸引住了孩子们。特别是苏步青，听地理课入了迷。他记忆力极好，老师讲述的每一个知识点都记得清清楚楚。他喜欢地理课，也就喜欢上了讲地理课的老师。上课时他聚精会神地听讲，下课后还愿意跟地理老师聊一聊天。

　　地理老师看到苏步青聪明，记忆力好，就很关心他。有一次，他发现苏步青在上国文课时故意逃课，就把他找来，想问个究竟。苏步青说："国文课老师瞧不起我。本来是我自己写的作文，老师却说是抄来的。为此，我再也不想上国文课了。"地理老师听后，生气地说："别人看不起你，你就不好好读书啦？别人到什么时候才看得起你呢？"苏步青觉得很委屈。地理老师耐心地说："你家中并不富裕。父亲从家里挑米为你交学费。你年年考最后一名。这样下去，怎么对得起省吃俭用的父母？别人瞧不起你，根本原因是你学习成绩不好。而学习成绩不好，并不是由于你不聪明，而是你自己不好好学习。上课不听讲，下课不写作业，怎么能有好成绩？"

　　听了地理老师的话，苏步青惭愧地流下了眼泪。地理老师又为苏步青讲了牛顿的故事。伟大的科学家牛顿也是农村孩子。他在小学和中学读书时，一度成绩很不好。就因为学习成绩不好，一些孩子瞧不起他。为此，那些学习成绩好的孩子就欺负他。有一次，一个大个子学生，带着鄙视的神态狠狠地踢了牛顿一脚。牛顿不仅遭受了皮肉之苦，还觉得心灵受到了伤害。他与那个学生打了一架，狠狠地报复了那个学生。之后，他发奋学习，不久，学习成绩跃居全班第一名。他不仅从肉体上报复了瞧不起他的人，而且在学习成绩上也报复了他的对手。从此，牛顿在学习中尝到了甜头，后来成为世界著名的科学家。而那些曾经瞧不起他的人，却没有一个人成为科学家。

　　苏步青从牛顿的故事中悟出了这样的道理，只要有骨气，肯学习，就一定能获得好成绩。苏步青向地理老师表示，一定要好好学习，绝不再辜负父母的一片苦心。

　　地理老师的教诲，使苏步青发生了明显变化。他不再四处游荡，也不再寻找新鲜事物，而是集中心思学习。每当学习遇到困难，他就想起了牛顿。牛顿的故事成了鼓舞少年苏步青刻苦学习的动力。

苏步青努力学习之后，没过多久就有了成效。他的作业本上开始出现"优"。这是他上学几年来经常盼望的评价。努力学习换来了优等成绩，"优"字评价使苏步青更加热爱学习。此时的苏步青上课认真听讲，下课认真完成作业，还自己找课外书籍读。回到家中，他还帮助父亲算账，帮助乡亲们写信。

苏步青自觉刻苦地学习，到期末考试时换来了优良的成绩。在各科的考试中，他感觉良好。这种感觉是过去他从来没有过的。期末考试结束后不久，学校张榜公布了成绩。以往多次当"背榜生"的苏步青，一跃而当了"头榜"，即第一名。这时，同学们都来向苏步青祝贺，老师们也开始夸奖他聪明了，再也没有人瞧不起苏步青了。这时，他才真正尝到了学习的甜头。在接下来的学习中，几乎每次考试，他都高高地站在"头榜"位置。

小学毕业后，父亲希望苏步青继续上学，他自己也有这个愿望。他参加了浙江省第十中学的招生考试。第十中学是当时浙江东南部的最高学府，也是全省重点中学之一。由于该中学的声誉非常好，所以，这所中学毕业的学生，不用发愁找不到工作。前来报名应试的考生特别多。

张榜这一天，地处浙江温州市的省第十中学门口，一大早就围了许多人。苏步青也来看榜。他个子小，在拥挤的人群中，很难靠近贴榜的墙壁。被夹在人群缝隙中的苏步青，听到有人大声喊："榜上的第一名是谁？"回答的人说："第一名是苏步青，不知道是谁家的孩子。"听了这话，苏步青简直不敢相信自己的耳朵。第一名不仅是个荣誉，而且，还有一系列的优待。按照浙江省的惯例，凡是考取第一名的学生，在 4 年的学习期间，学费、伙食费、杂费全部免除。对于家境贫寒的苏步青来说，这是最需要的。苏步青怀着激动

187

的心情挤到了榜前。他终于看清了，占据"头榜"位置的确实是"苏步青"三个字。他高兴极了，这个成绩完全可以使父母获得安慰了。

开学的时间到了，苏步青带着自信进了省中学，学习更加自觉与刻苦。努力学习，使苏步青的聪明才智初步显露。在一次次的考试中，他都获得了优异成绩。中学第二年，他对数学发生了兴趣。数学的严谨和深奥使这个好学的中学生入了迷，同时，也为他那深钻的精神提供了很好的舞台。读中学三年级时，担任几何课教学的校长为学生们出了一道题：证明三角形的一个外角等于不相邻的两个内角之和。绝大多数学生仅用一种方法证明，个别学生用两种或三种方法。而苏步青却用了 24 种方法进行了合理的证明。

4 年的中学学习结束了。苏步青在整整 8 个学期中，各门功课成绩都在 90 分以上。毕业时，他的名字又占据了"头榜"的位置。

中学毕业后，苏步青在老校长的支持下，得到了到日本留学的机会。1919 年，仅 17 岁的苏步青只身一人到东洋留学。他在来日本之前，并不懂日语。到日本后，他仅花了 3 个月时间，就使日语过了关。随后，经过十几年的刻苦奋斗，他于 1931 年，在日本获得了理学博士学位。一个山沟里的农家穷孩子，获得了博士学位；一个少年时期的"背榜生"，成了小有成绩的青年学者。这巨大的反差，在苏步青回家探亲时，震动了村里的乡亲。后来，这个从乡村走出来的穷孩子，通过一系列的数学创造，为祖国获得了巨大的荣誉，也为数学的发展和中国的教育事业作出了巨大的贡献。

第三章

学生热爱科学教育的主题活动

1. "想象＋实践＝创造"主题班会活动方案

活动背景

*11*月是传统的"爱科学月",开展科技活动能够丰富队员们的知识,开发他们的智力,培养他们的科技兴趣,对学生的成长极为有利。因此我班以当前提出的"要培养学生的创新精神和实践能力"为指导思想,针对学校的科技特色的优势,并根据学生想象力较丰富、可塑性较强而实践能力较弱的特点,开展这项活动,旨在引导学生发挥他们这个年龄阶段特有的想象,运用到实践中,开展小创作、小发明活动。

活动目的

通过对事物的想象,学习科学家大胆想象,发明创造的故事以及自己动手实践创造,激发学生爱科学、学科学的兴趣,开发学生的智力,使学生在活动中领悟只有丰富的想象与不断努力实践相结合才能有创造。

活动准备

(*1*)课前每组做好*1~2*个小制作。

(*2*)排练诗朗诵、小品。

(*3*)比赛用的材料(一般是废弃物,如牙膏盒、牙签、泡沫塑料等)。

(*4*)挑选男女两个主持人。

活动过程

导入

主持人上场。

190

乙：同学们，我们人类从亿万年前站起来走路，创造了语言和工具到今天在宇宙中任意遨游，这是多么漫长啊！

甲：在这漫长的历程中，是无数的科学家和普通人用他们的智慧和双手发明创造，推动了人类的发展、科学的进步。人类还要发展、科学还要进步，靠谁？

乙：靠我们这些 21 世纪的主人。

甲：靠什么？

乙：靠我们丰富的想象和不怕困难的实践。

合：从现在起，我们要把想象和实践变成将来的创造！"想象 + 实践 = 创造" 主题班会现在开始！

看图画想象画

甲：看，这是什么？（一个圆），看到它，你想到了哪些和圆有关的东西？请大家把它画下来，然后用自己的话介绍一下想法。（学生作画，交流）

甲：我发现大家的想象都很丰富，这么一个简简单单的圆形，小朋友能把它想成许多物品，真不简单，你们知道吗？科学家们小时候也喜欢想象，喜欢思考，瞧他们来了。

小品：《爱思考的牛顿和爱迪生》

甲：同学们刚才你们都看到了牛顿和爱迪生从小就喜欢提一些稀奇古怪的问题，做些奇怪的事情，可是他们这种不管在哪里，在干什么，都会动脑思考什么都去试一试的精神，才促使他们在以后的科学研究中找到了许多奥秘。同学们，你们也能和科学家那样，在平时多观察、多思考、多提问、多想象，还要多动手试一试，那一定会有收获的！

看录像：《飞行器原发展史》

乙：早在几百年前就有人梦想着能像小鸟一样在空中自由地飞

翔，他们敢想敢做，把想象运用到实践中，终于把人类带上了天空，实现了梦想……（播放录像）

甲：同学们，你们看我们人类有多聪明，没有翅膀却飞上了天空，这里有许多科学家的功劳，是他们把想象变成了现实，我们也不要忘记他们所付出的血汗，他们经历了无数次的失败，但"永不放弃"的念头一直支持着他们最终取得成功。

展示学生作品

乙：在我们班里，也有许多同学在科技制作中有着不怕困难、永不放弃的精神，下面请大家拿出自己的小制作，对自己的作品作一介绍。（学生交流）

甲：看来同学们的本领还真不小，不但会想象，还会自己动手制作，这就是实践。我们知道这些同学做小制作时花了许多时间和心血，但只要坚持，不怕失败，多动脑、多动手，一定也能像科学家那样尝到成功的喜悦，希望其他同学能向他们学习，希望大家都能成为爱科学的好学生！

（诗朗诵《我们爱科学》）

女：我们爱科学，

爱科学使我们变得越聪明；

男：我们爱科学；

爱科学使我们变成小精灵；

女：我们爱科学，

再高的山峰我们敢攀登；

男：我们爱科学；

再难的宫殿我们敢探寻。

女：让我们用智慧的头脑，

男：让我们用科技的本领，

合：勇挑新时代的重任，去创造更加美好的明天！

奇思妙想比赛

甲：下面给大家一次发挥想象、动手实践的机会，我们来进行一项比赛好不好？题目是"奇思妙想比赛"，每个组的桌上有一个盒子，里面装了一些废弃物品，看哪个组发挥想象，能将这些物品拼成一件有趣的作品。（各组交流作品）

甲：大家看，同学们通过共同努力通过想象和实践创造出的作品多有趣啊，大家只要在平时多注意观察、思考、动手实践，以后还能创造出更有趣的作品来。

乙：比赛虽然结束了，但我们的想象和实践才刚刚开始，我们要像科学家那样不但敢想更要敢做，希望在将来为科学多创作、多发明，成为一个有用的人！让我们一起来唱一首儿歌来结束这一次的活动。

儿歌《我有两件宝》

我有两件宝，双手和大脑。

双手会劳动，大脑思考。

动手不动脑，啥也学不好。

动脑不动手，本领学不牢。

动手又动脑，才能有创造。

创造靠劳动，全用手和脑。

合："想象＋实践＝创造"主题班会到此结束！

活动反思

本次班会针对小学中高年级儿童的年龄特点，活动采用了诗歌朗诵、故事传诵和歌曲相结合的形式。形式的多样化和新颖化，既满足了学生求新、求异的心理要求，又使活动气氛在严肃中不失活泼。整台活动都由学生自己主持、表演，而且参与面非常广。在朗诵诗歌中，同学们感受到科学创造的重要性；在故事叙述中，他们为科学家献身而为之敬仰；在活动最后，全班齐声背诵儿歌，表现了学生对探求科学的极大热情。不足之处，同学们的小发明、小创造比较常见，没有新意，但我们相信，只能此类活动能够坚持下去，今后，同学们就一定能够在科学方面作出自己的贡献。

2. "我们爱科学" 主题班会活动方案

活动背景

科学富有革命性的力量，是一切社会变革的根源。科学的发展，改变着我们的物质生活，开阔了我们的视野，解放了我们的思想，变革了人们的精神。它已广泛地渗透到经济、社会、政治、外交、军事、教育、艺术等各个领域，成为人类活动日益重要的基础。因此，学习科学对我们的未来发展起到了不可忽视的作用。开展"爱科学，学科学"的活动，不仅能够丰富学生的知识，开发他们的智力，培养他们的科学兴趣，而且对他们的成长也极为有利。

活动目的

（1）开阔学生的视野，丰富学生科普知识。

（2）了解古今的科技发展历史，赞颂科技人才，激发学生学科学、爱科学的兴趣。

（3）激发学生的求知欲和对科学技术的热爱之情。

（4）通过实际操作，培养创新意识，提高技能素质。

活动准备

（1）多媒体课件、主持人讲稿（辅助主持人讲解），设计班会流程。

（2）收集有关古今科技方面的资料。

（3）编排节目。

（4）挑选男女两个主持人。

活动过程

老师和主持人上场。

老师：同学们，今天我们在这里召开一节以"我们爱科学"为主题的班会。老师委托甲、乙两位同学来主持，大家欢迎！

甲：在世界科技的舞台上，

乙：中华，我们的祖国啊，

合：曾经是一颗明亮的星座。

甲：中华民族有五千年的光辉历史。

乙：中华民族有五千年的伟大成就。

甲：我们伟大的人民，用勤劳和汗水凝结成累累硕果，

合：留下了一笔笔光辉灿烂的科技发明。

（多媒体介绍中国古代科技）

甲：四大发明的光芒，让人仰视它古老的璀璨，

乙：五千年的文明积累，形成了中华的科技传统。

甲：只有努力学习，

乙：只有学到本领。

甲：中华历史就能延伸。

乙：祖国未来就有希望！

甲：历史的车轮载着古老而又年轻的中国驶进了 *21* 世纪。

乙：今天我们生活在一个科学技术飞速发展的时代。

甲：人类的很多幻想已经变成现实。

乙：科学技术的圣火在古老的星上熊熊燃烧。

甲：它给人们生活带来了前所未有的快捷和幸福。

乙：下面我们班的小科学迷为大家介绍一下当今的科学成就。

（介绍现代科学成就）

甲：科学技术的发展真是越来越快。

乙：技术的成果应用到生产的过程也越来越短。

甲：21世纪是一个信息时代，电子计算机将走进千家万户。

乙：21世纪是一个生命科学的时代，生物科学的发展将产生巨大的经济效益。

甲：21世纪是人类向宇宙进军的时代。人类在继登上月球之后，有望登上火星。

甲：到2004年，地球上的人将会在晴朗的夜空中看一个亮点，

乙：它的亮度仅次于月球和金星。

甲：这个神奇的亮点是什么呢？

（介绍国际空间站）

甲：科技为人类插上了翅膀。

乙：在浩瀚的宇宙中自由飞翔。

甲：科学技术是第一生产力。

乙：科技人才更是这力量的源泉。

甲：纵观古今中外，是无数的科学技术人才为科技的发展做出了巨大的贡献，立下了汗马功劳。

乙：在我们祖国科技的群星谱上，就有着许多闪耀的明星。

甲：下面让我们听一听关于著名科学家茅以升的故事吧。

（讲述《科学家茅以升的故事》）

乙：科学家们取得的成就令巨人瞩目。

甲：他们为祖国争得了荣誉。

乙：他们为人类的进步做出了贡献。

甲：一个成功的启示告诉我们：

合：如果在少年时代掌握科学技术，将来就能为祖国做出贡献。

甲：请听故事《小小发明家》

（故事《小小发明家》）

老师：同学们，自古英雄出少年，从小立下雄心志，将来才有大作为。那么老师想问问你们，要想将来在科学技术方面有所作为，最重要的是具有什么品质？

学生：创造的品质。

老师：对，那么同学们想不想知道，你们现在的创造品质怎么样呀？好，老师给大家出几道题，我们一起来测一测。请大家准备好笔和纸，每道题认为符合自己情况的就答"是"，不符合的就答"否"。

（出示测试题）

老师：答"是"的可得2分，答"否"的不记分。请大家计算一下，你一共得了多少分？

（出示测评标准）

老师：同学们创造品质是时代对我们的要求，只有具备了创造品质将来才能在科学技术方面为祖国做出贡献。所以同学们应在学习生活中注意培养自己的良好的创造品质。

乙：学习、思考、创造。

甲：这是通向成功的金光大道。

乙：邓小平爷爷曾英明说过：

合："科学技术是第一生产力"。

甲：雏鹰的起飞有了明确的导向，

乙：雏鹰的搏击有了坚强的保障。

甲：雏鹰的理解就是为了新世纪！

请听三句半《雏鹰争做启明星》

（三句斗《雏鹰争做启明星》）

甲：胸怀总设计师的嘱托，

乙：肩负全国人民的重托，

合：我们来到了学习的最前沿。

甲：我们用目光发现科技的闪光点。

乙：我们用智慧点燃发展创造的导火线。

甲：我们勤奋学习，动手实践。

乙：把想象变成美好的伟业。

合：来吧！勤劳的少先队员，

甲：提高素质靠自己，

乙：发展能力无边界。

合：让我们以实际行动给知识插上翅膀，争做热爱科学的好少年！

甲：下面请我班科技小组的同学为大家做几个科学实验。

（科学小实验3个）

乙：时代的变迁，科技的发展，把我们带进了网络时代，联盟的人们把一台台独立的电脑哺乳起来，构成了一个全球性的网络，这就是国际互联网，又叫因特网。

甲：有了这个网络，不仅通讯传递方便了，而且可以享受丰富的信息资源。

乙：下面请我们班"小网虫"周同学，谈一谈上网的体会。

（谈体会，介绍网站）

甲：最后请"三模活动小组"的同学向大家展示一下活动成果。

（三模展示）

甲：科技的种子埋在心灵深处，

乙：科技的花蕾绽放时代的希望。

甲：今天我们还是小小雏鹰，稚嫩的翅膀需要科学技术来锻炼。

乙：明天，我们放飞理想，开创 21 世纪的美好未来。

甲：让我们从小树立热爱科学的思想，

乙：让我们从小培养勇于创新的精神。

甲：立志摘下科学明珠，

乙：把祖国未来亲手开创，

合：做祖国未来的主人！

（舞蹈：《走向新世纪》）

甲：下面请班主任老师做总结。

老师：同学们，今天的班会开得很成功！同学们以回顾祖国科技历史，赞颂科技人才为主线，以学科学、爱科学、实际操作为主要内容，通过学习、实践，了解了科技知识，增强了创新意识，提高了技能素质。最后，老师希望同学们今后更加勤奋学习，勇于实践，大胆创新，煽动雏鹰奋勇的翅膀，飞上科学的蓝天，共创一片绚丽的辉煌！

活动反思

此次班会是由两位学生当主持人，整个过程都是由学生主导的，并全程参与的。执行过程基本上是按照原计划进行的。活动的情况及班会过程中的气氛都不错，同学们都能踊跃参加此次的班会。

不足的是在过程中，主持人进行得比较快，学生自由发言时间少，互动不充足，所以最后还剩下一点时间。不过整体效果都还不错。

通过此次的班会活动，是希望学生在以后的学习生活中，无论事情大小，都能用科学的眼光去看待生活中的各种现象，能用科学的方法，培养自己良好的科学行为习惯。同时，也通过此次班会，培养学生独立自主的能力及学习探究科学的精神。